Mario Persona

Marketing
Tutti-Frutti

Outros livros por Mario Persona:

Crônicas de uma Internet de Verão
Receitas de Grandes Negócios
Gestão de Mudanças em Tempos de Oportunidades
Marketing de Gente
Dia de Mudança
Moving ON (inglês)

Mario Persona

Marketing Tutti-Frutti

Bem-humoradas crônicas, idéias e sacadas de marketing pessoal, empresarial, social e o escambau...

Segunda Edição — 2009
©**2009 por Mario Persona**
contato@mariopersona.com.br
www.mariopersona.com.br

Este livro pode ser encontrado nos seguintes endereços:
http://stores.lulu.com
http://www.amazon.com
http://www.clubedeautores.com.br

Créditos:

Revisão: Maria Cristina Marucci
Capa: Stephan Dirck Klaes
Foto da capa: Irene Chan — istockphoto.com/ceneri
Impresso sob demanda por: www.lulu.com

Índice

Apresentação

Marketing Tutti Frutti oferece aos mais velhos a oportunidade de revisitar experiências do passado e repensá-las sob uma nova ótica. Ao mesmo tempo, permite à nova geração estabelecer referenciais de vida e atitude, levando-se em conta a inexorável dinâmica dos negócios e dos relacionamentos que torna obsoletos padrões até ontem seguros. Todavia, há nuances nos tradicionais sabores, que continuam agradáveis, atualizados e atraentes. As histórias simples contadas no *Tutti Frutti* nos permitem resgatar do ontem e do hoje aquilo que é perene, aquilo que pode ser a base para o novo, na busca da excelência.

A leitura é leve, despretensiosa e nos deixa a sensação de interação direta, ao vivo, com o escritor. A viagem por diversos lugares e situações nos permite aprender a fazer o marketing da simplicidade, tão bem exercitado pelos Odemires da Mercearia, Bastiões da Barbearia, engraxates, agricultores e Chapolins — carinhosos personagens que aprendemos a apreciar na trajetória da leitura.

A mesma simplicidade é apresentada com bom tempero de tecnologia e de sistemas avançados de informação, assegurando-nos o valor prático da combinação de experiência com inovação, transformando-as em alavancadoras da inspiração para criar o impensável.

As frases curtas e de impacto facilitam a leitura, mas podem ser uma armadilha. Ao se avançar com velocidade, impulsionado pelo texto inteligível, percebe-se que carece voltar e refletir sobre duas ou três palavras deixadas atrás. É a força da espontaneidade e irreverência mexendo com nossos valores, instigando opiniões até então consagradas. Isso, contudo, não rouba o prazer da leitura, mas é inegável algum desconforto inerente à percepção de que deixamos escapar boas oportunidades para praticar o *Marketing Tutti Frutti*. As reflexões alteram nossas emoções, enquanto nos dão a chance de crescer como pessoas, como profissionais, como humanos na acepção plena da palavra.

Muitas possibilidades de mudanças e avanços são sugeridas a cada página, à medida que as bem-humoradas histórias são contadas no amigável estilo interiorano. Tal despretensão, contudo, é apresentada de forma atraente — afinal, como o próprio autor nos lembra ao ilustrar a importância do marketing de embalagem, ninguém "gosta de tomar bolas de sorvete servidas na palma da mão — por isso pagamos pelo copinho".

Em poucas palavras, *Marketing Tutti Frutti* é uma positiva afronta à nossa capacidade de inovar, ousar, criar, fazendo uso da experiência como estimulante da intuição. O leitor é instigado a explorar seu pleno potencial, a reinventar, a reciclar, a sonhar e a acreditar que pode fazer mais do que imaginava. Impossível não apreciar essa gostosa "salada de frutas".

Donizete Santos
Presidente da SKF do Brasil

Prefácio

Com muita competência, Mario Persona subdividiu todas as atividades humanas em setores de marketing, com humanidade, profundidade nas análises, sensibilidade, inteligência, bom-senso e humor na dose certa. O livro poderia chamar-se "Marketing ao alcance de todos".

Com exemplos extraídos do dia-a-dia ou da literatura, ele coloca situações em outros setores. Essencial, a mercearia do Sr. Odemir, com seu atendimento personalizado, que é a preocupação de todo pequeno empreendedor e um grave problema para o grande.

A massificação das fábricas, simbolizada pelos macacões azuis, e a conseqüente baixa estima dos funcionários, a cultura de computador e a lógica difusa, onde nem tudo tem a obrigatoriedade de ser perfeito, são exemplos da realidade atual bem enfocada pelo autor e adaptáveis a qualquer situação.

Parabéns, pois tudo está na dose certa, na medida exata, afinal, como disse, as palavras devem ser como um bom molho, trazendo um aroma inconfundível, carregado de sentimento e emoção. Mario Persona merece conquistar o mercado das atenções.

Conheci Mario porque ele se inscreveu para o meu projeto "Reality Show de Negócios Virtuais em Casa" — montado no 12º Salão de Novos Negócios e 3º Brasiltec — Salão e Fórum de Inovação Tecnológica — e, como não poderia ser diferente, foi um dos selecionados.

Desde o primeiro momento senti que se tratava de uma pessoa extraordinária, diferente, vindo de uma receita já perdida no tempo. Além da figura humana, é um profissional da melhor qualidade e altamente criativo. Gostaria que o mundo fosse formado por "Marios Personas".

Lemos Britto

Introdução
Marketing Tutti Frutti

Na infância, fui escoteiro de uniforme, mas sem chapéu. Os chapéus do grupo eram fabricados em Limeira por uma indústria que viria a fabricar anos depois um modelo igualzinho ao do Indiana Jones, objeto de desejo de meninos aventureiros. Se no filme o chapéu de Harrison Ford não saía da cabeça, comigo acontecia o contrário. O chapéu não entrava. Eu era um menino de cabeça grande, desses que a mãe usa o bonezinho para trazer a melancia da feira. Eu era diferente e não podia ter um chapéu de feltro como os outros meninos. Não fabricavam o meu número.

Aquilo me deixava frustrado, mas se na época eu conhecesse um pouco de marketing, saberia que ser diferente é um privilégio reservado a únicos. É o que diferencia você, seu produto ou empresa de uma concorrência desigual de iguais. Os autores do gênero descobriram isso e eu também. Numa busca que fiz no site da Amazon.com na Internet de livros de marketing, o resultado apontava para 61.064 títulos. Muitos desses autores são verdadeiros inventores de novos conceitos de marketing. Outros apenas rebatizaram velhas ideias, o que não deixa de ser uma estratégia de marketing.

Há livros sobre *marketing direto, um-a-um, de guerrilha, digital, de rede, de relacionamento, de permissão, essencial, experimental, simbiótico, interativo, viral, de fertilidade, de banco de dados, de incentivos, de substituição, de nichos...* pare para respirar um pouco, que você está ficando a-zul! Tem até um do contra, o *marketing contra-intuitivo,* e outro, *marketing ultrajante,* com um atleta na capa jogando basquete e pronto para encestar a bola. Nada de estranho aí, se o atleta não fosse um lutador de sumô vestindo apenas um *mawashi* — aquele fraldão fio-dental que reparte uma tonelada de músculos e gordura glútea em partes iguais.

Encontrei também algumas dezenas de subtítulos do tipo *"The Ultimate... alguma coisa"*, insinuando ser aquela a solução definitiva deste ou daquele aspecto do marketing. Obviamente nem todos esses livros chegam ao português com o mesmo título ou sentido, já que a criatividade dos tradutores se incumbe de adicionar novos genes na hora da miscigenação lingüística, parindo novas raças de marketing. Por isso o livro em inglês *"Gonzo Marketing"*, cujo gonzo foi, segundo a revista *Booklist*, emprestado do escritor Hunter S. Thompson para significar um engajamento integral, virou aqui *"Marketing Muito Maluco"*.

O mais vendido na Amazon.com ainda é o clássico dos clássicos, *"Marketing Management"*, de Philip Kotler. Cento e trinta dólares lá, em inglês, menos de sessenta dólares nas livrarias daqui, em português. O marketing brasileiro ainda sai mais barato. E acredito que seria até mais criativo, se não nos preocupássemos tanto em copiar o acadêmico de lá que, por sua vez, tenta recriar o marketing informal e de sobrevivência que temos aqui. Como o do lavador de carros do Rio, que mandou a concorrência dos *Lava-Rápido* lamber sabão quando abriu seu *Lava-Lento*.

Em seu livro, Kotler fala dos estágios de marketing vividos por uma empresa. *Empreendedor* seria o primeiro estágio, o marketing criativo e barato, quando a empresa começa a ensaiar seus primeiros passos no mercado. Mais equilibrada, ela depois adota o marketing profissionalizado, que tenta recriar em laboratório e com ingredientes artificiais o marketing empreendedor original. Finalmente, já estabilizada — para não dizer inerte — a empresa adota o marketing burocrático, cheio de gráficos, pesquisas, tabelas, cálculos de retorno de investimento e outros recursos. Muito bom para justificar a existência de um departamento de marketing ou livrar gerentes e diretores do risco de deixar correr solta a terrível intuição, evitando assim qualquer espasmo de criatividade.

Kotler confessa que seu livro ensina, em sua maior parte, um marketing *profissionalizado*, e justifica dizendo que quanto mais criativo e intuitivo for o marketing, menor sua possibilidade de codificação literária e transmissão acadêmica. Kotler comenta essas três classes de marketing na edição em português de *Administração de Marketing*, após mencionar o livro *Marketing Radical*, de Sam Hill e Glenn Rifkin, uma coletânea de estratégias criativas e de baixo custo que levaram empresas e produtos ao sucesso, concluindo: *"Nem todo processo de marketing deve seguir os passos da Procter & Gamble"*.

A inclusão de um comentário sobre *Marketing Radical* na abertura da décima edição do livro de Philip Kotler foi um refrigério para mim, que me recuso a enxergar marketing como uma ciência exata. *"É mais fácil aprender a abordagem profissionalizada"*, diz ele em seu livro, já que é uma abordagem mais afeita ao hemisfério esquerdo de nosso cérebro, o advogado racional que mora sob o couro cabeludo. Criatividade e intuição ficam para o hemisfério direito — o artista de nosso eu — mais livre e solto para criar, porém nem sempre fácil de se interpretar. É deste marketing que trata este livro, uma abordagem de marketing *empreendedor*, usando a terminologia de Kotler.

Como todo marketing tem um nome, precisei adotar um nome também para o meu. Já que você vai encontrar neste livro uma verdadeira salada de frutas de ideias, com um pouco de tudo, achei que cairia bem algo mais tropical, bem adaptado à nossa realidade tão estimulante para a criatividade. *Marketing Tutti Frutti*, é isso. Um chapéu de Carmem Miranda, que leve toda a variedade de um pomar no rebolado, sem deixar nenhum fruto cair. É claro que, para isso, o chapéu precisa ser grande, mas meu chapéu é, não se preocupe. Se não quiser chamar de *Tutti Frutti*, chame de *Marketing Cabeça*, que fica do mesmo tamanho. Isso porque você vai precisar procurar nas entrelinhas muito mais do que escrevi nas linhas e vai botar o hemisfério direito de seu cérebro — o artista — muito mais para intuir do que para raciocinar. É este o marketing que faço.

Eu mesmo já vinha colocando em prática o *Marketing Tutti Frutti* há algum tempo para promover meus serviços sem me dar conta disso. Veja, por exemplo, as crônicas que escrevo periodicamente e são publicadas em dezenas de sites, jornais, revistas e boletins de empresas.

Elas formam uma parte importante de minha estratégia para conquistar e reter clientes, e têm características multicor e multisabor, como a imaginária cesta de frutas de marketing que estou sugerindo — que fatalmente nos leva a substituir o tradicional mix de marketing por uma bem batida vitamina.

As crônicas que escrevo falam de negócios sérios numa linguagem tão informal que beira a irreverência. Seria isto *marketing ultrajante?* Elas são enviadas por email e podem ser copiadas e distribuídas, o que é permitido e até estimulado. Uma delas circulou seis meses pela Internet antes de voltar para mim. Puro *marketing viral.*

Também é *marketing de permissão,* pois só as recebe por email quem solicita e confirma o pedido. É também *marketing de relacionamento* — meu boletim semanal, quinzenal ou eventual é meu canal de comunicação permanente com clientes e potenciais. Sites, jornais e revistas são estimulados a publicar meus textos como colaboração, evidentemente levando no bojo a minha marca, numa clara ação de *marketing de guerrilha.* Esta estratégia permitiu que eu invadisse a praia de quase trezentos veículos de comunicação, da Flórida ao Japão.

Se dá resultado? A última busca que fiz no Google apontou mais de quarenta mil referências ao nome "mario persona", revelando o número de páginas que publicam algo de minha autoria. Para coroar isso tudo, o livro *Google Marketing* de Conrado Adolpho Vaz dedica quatro páginas ao que chama de *"Case Mario Persona",* analisando minha estratégia de *marketing de Internet.* Nada mal para um *marketing pessoal* que pode ser adotado por qualquer um, sem grandes investimentos.

Como já deve ter percebido, a variedade de estratégias que levo no chapéu pode não ser um jeito muito acadêmico ou convencional de se fazer marketing, mas funciona. É o *marketing alternativo*, o *marketing caipira*, igual à solução que encontrei também para meu uniforme de escoteiro da infância: um humilde chapéu de palha.

É claro que minha bossa-nova era um verdadeiro desacato ao rigor do escotismo inventado por Baden Powel, não o da bossa-nova. Fazer o quê, se minha mãe não queria que eu tomasse sol? Mas eu levava vantagem em termos de marketing, e só agora percebo isso para compensar minha frustração de então. Nas fotos oficiais do grupo reunido sob a bandeira, eu sou o do chapéu de palha. Os outros? Bem, os outros são todos iguais.

Marketing Para a Terceira Idade
A essência de um atendimento essencial

Não se esqueça de trazer algum troco, 'seu' O-demir. Era assim que terminava o telefonema que minha mãe fazia periodicamente a uma mercearia de minha cidade. Viúva, e com alguma dificuldade de locomoção, ela dependia da mercearia para coisas que não encontrava nas prateleiras dos grandes supermercados: atenção, carinho e consideração. Além de algum troco para o cheque, que ela sempre fazia com valor maior para evitar ir ao caixa eletrônico. Como já não podia dirigir, o banco *drive through* não ajudaria.

A mercearia do seu Odemir traz no nome a sugestiva palavra, "Essencial". É evidente que aquilo que era essencial para minha mãe ia muito além da grande variedade de produtos e promoções alardeadas pelos supermercados. Essencial, para quem pertence ao grupo que chamamos de terceira idade, é um atendimento humano, atenção e ouvidos pacientes. Além da companhia para um cafezinho, quando o próprio *seu* Odemir, sua esposa ou ambos faziam a entrega da semana.

Vivemos numa época de deslumbramento por empresas grandes e poderosas. Até os livros e cursos de administração e marketing dão pouca atenção a empresas pequenas e despretensiosas. O paradoxo é que são elas que geram a maioria dos empregos em nosso país. As estatísticas mostram que dos dois milhões de novos empregos gerados em cinco anos, apenas cem mil teriam sido criados por grandes empresas. Dá para perceber com que pernas caminha o progresso?

O problema do pequeno empreendedor surge quando ele quer imitar o grande. Ele começa perguntando: "o que devo fazer para ser igual ao grande?", quando deveria perguntar: "o que o grande está tentando fazer para ser igual a mim?" Conseguir forjar o atendimento humano e carinhoso de uma mercearia de bairro é o sonho das grandes empresas. Mas não conseguem e nem conseguirão, a menos que se pulverizem em pequenos ambientes de atendimento, cercados de calor humano como a mercearia do *seu* Odemir.

Ou como a barbearia do Bastião, que cortou meu cabelo desde a infância. Da última vez que o vi, com o mesmo carinho com que nossos pais guardavam uma mecha de cabelo, ele ainda conservava a pequena tábua que colocava sobre os braços da cadeira para deixar seus mini-clientes mais altos. O longo avental, que cobria a mim e a toda a cadeira, era um bônus para compensar a vergonha de sentar na tabuinha. Fazia eu me sentir adulto. Bastião guarda a tábua e as lembranças de milhares de meninos que, como eu, adoravam ir ao seu salão para ler gibi ou rir com *"O Amigo da Onça"* na revista *"O Cruzeiro"*.

Será possível um renascimento dos negócios pessoais, personalizados e essenciais como a mercearia ou a barbearia? Creio que sim, e o raciocínio é simples. A tecnologia, a custos cada vez mais acessíveis, permite que pequenas empresas desfrutem de todo um sistema de informação e logística de distribuição que as torna competitivas. Principalmente se estiverem dispostas a oferecer café e serviços informais, que podem ir do divã do analista ao caixa eletrônico.

Além disso, os processos de compra conjunta ou cooperada permitem que antigos concorrentes aumentem seu poder de barganha junto aos fornecedores. Com preços mais competitivos, eles podem ser uma opção aos grandes varejistas e podem concorrer com empresas maiores — e entre si — diferenciando-se na qualidade dos serviços e no atendimento.

Nos Estados Unidos, o pequeno Umpqua Bank — não me pergunte como se pronuncia — se reinventou na forma de uma mercearia. Lançou uma marca própria de café, transformou suas 28 agências em lojas de conveniência, com sala de leitura e acesso à Internet, e revolucionou o atendimento ao cliente. Criou uma atmosfera semelhante à da mercearia do *seu* Odemir, ou da barbearia do Bastião. Fazer isso no Brasil seria resgatar uma atividade que deixou saudade em muitos idosos: ir ao banco para tomar um cafezinho e bater papo. Hoje, ninguém de sã consciência iria querer conversar com um caixa eletrônico.

Pequenas empresas levam vantagem quando adotam as mesmas novas tecnologias que as grandes possuem, sem abrir mão do atendimento pessoal, que as grandes não têm. Um exemplo disso é o *drive through*. Antes você só entrava com o carro em uma loja em caso de acidente, mas o sistema começa a aparecer em pequenas farmácias e lanchonetes. O serviço já não era novidade nos grandes bancos, e eu mesmo passei a usá-lo depois que descobri o quanto ele é importante para meu automóvel. Foi no drive through do banco que meu carro teve, pela primeira vez, a chance de conhecer seu verdadeiro dono.

Marketing de Prestígio

A gênese de um livro

Meu editor estava entusiasmado. Enquanto eu escutava a voz ao telefone, pensei em meus alunos de marketing na faculdade. Precisaria correr, se quisesse chegar na hora. Mas não dava para perder todo aquele entusiasmo. Se ele vibrava, imagine eu!

O momento era especial. Dávamos as últimas pinceladas na estratégia de lançamento de meu livro. Meu primeiro, após muitas árvores e três filhos. Mesmo tendo trabalhado por dez anos em uma editora, aquela era uma nova emoção. Quando o livro é de outro, você é parteira e doutor. Quando é seu, você é o genitor.

Um livro é uma excelente forma de você compartilhar o que sabe e, ao mesmo tempo, adquirir prestígio profissional. Para a maioria das pessoas, escrever um livro é algo reservado a alguns deuses do Olimpo, pessoas que sabem das coisas e que já plantaram uma árvore e tiveram um filho. Será? Se você nunca pensou em colocar no papel o que sabe, como saberá? Existe uma primeira vez para tudo e talvez sua hora seja agora. Com a facilidade de publicação trazida pelos meios eletrônicos, muita gente está virando autor.

Costumo dizer aos meus alunos que tenho várias profissões ou atividades. Se colocadas em ordem de ganho financeiro, em primeiro lugar vem o consultor, que traz uma remuneração mais substancial. Em seguida, palestrante que, obviamente, não é atividade para todos os dias, exceto na vertente em que eu a mesclo com a atividade de consultor, que é o treinamento. Em terceiro lugar em rendimentos está a atividade de professor. Finalmente, em último, vem a de autor. Pelo menos no Brasil e para quem não é famoso.

Todavia, quando o assunto é prestígio, a ordem de importância é invertida. Na frente de todas as atividades, a de autor ganha disparado. Depois vem o professor, ainda respeitado, embora nem sempre remunerado. Palestrante é quase uma mistura de tudo e, por fim, menos prestigiada, vem a atividade de consultor. Que alguns insistem em chamar de *"insultor"*.

O interessante de todas essas atividades é que, ao contrário de profissões que exigem força física ou boa aparência, tudo o que está relacionado à venda do conhecimento costuma melhorar com o passar dos anos. Como acontece com os bons vinhos, autores, professores, palestrantes e consultores não costumam ser descartados se souberem preservar o sabor do saber. Era o que eu queria fazer com aquele meu primeiro livro, cuidando dele como quem cuida do primogênito, a criança que sempre tem mais fotos da infância no álbum de família.

O rebento nascia de minha experiência de escriba e palestrante de negócios, marketing e Internet, enxugado com uma criteriosa toalha que deixava de fora todo e qualquer muco de um entusiasmo infundado. Isso não poderia fazer parte de um livro sobre Internet para uma economia pós-onda, quando até surfista da Web já tinha vendido a prancha.

Minha intenção era abordar os vários estágios da onda ponto-com e filtrar sua espuma e as sujidades oportunistas, para revelar toda a profundidade do mar de negócios que, em sua essência, permanecia inalterado depois de toda aquela agitação. Queria deixar o leitor à vontade, para sorver com prazer os conceitos sempre atuais de negócios em um texto bem-humorado.

Além de imune ao envelhecimento, meu primeiro livro teria que ser adequado à nossa época, para qualquer um, em qualquer lugar, ler e entender. O sempre atual estilo de crônica seria perfeito, já que uma crônica tem o poder de tornar perene aquilo que é mutante, efêmero e volátil. Como ondas, por exemplo.

Lourenço Diaféria, de quem cresci fã e cujas crônicas eu recortava cuidadosamente do jornal e colecionava, quando era adolescente, descreveu o gênero assim:

"Rápido, mas não apressado; leve, mas não volátil; rasteiro, mas não desmazelado... capaz de transmitir sentimentos pessoais, até íntimos, mas ao mesmo tempo transferíveis a qualquer leitor... para ser lido, com complacência, e até prazer, pelo dono do jornal, pela mulher do dono do jornal e pela mãe do dono do jornal. Essa é a crônica perfeita."

O livro teria que ser um jardim de variedades, atraente para quem chegasse de qualquer lado; possível de ser lido a partir do começo, do fim, do meio, não importa, e adequado para se parar de ler, com pausas sombreadas para pensar. Suas páginas translúcidas deveriam ser traspassáveis ao olhar de quem quisesse contemplar o vazio, que já não seria mais, quando o olhar chegasse lá. Um livro para visionários com sandálias que não soltam as tiras, que querem voar, mas com os pés no chão.

Se eu iria alcançar esses objetivos, não sabia. Com ousadia ou sem ela, o trabalho seria o mesmo. Só sei que tanta pretensão carecia de capa e da magia da ilustração. Escolhi Murilo Maluf, cujo traço me fazia recordar a nordestina literatura de cordel, aquele estilo anguloso, que come o espírito da história e o cospe no entalhe. Não da madeira xilográfica, mas de bits e bytes, imagem perfeita para se pendurar no varal de uma rede mundial.

Faltava um título. Mas não um qualquer. Devia carregar todo o romantismo de uma época efêmera, e soar familiar. "Serve Shakespeare?", pensei em voz alta. "Serve!", respondi para mim. E foi aí que surgiu *"Crônicas de uma Internet de verão"*. Subtítulo? *"Um livro de negócios para ler na praia"*. O olhar marketeiro percebeu que o lançamento precederia as férias de verão.

Fico entusiasmado com tudo isso, mas não embriagado. Meu livro é só mais um entre milhões. Minha preferência continuará depositada em outro livro, que por mais de duas décadas tem sido a vela de minha nau temporária, tecida de pontos temporais com linha eterna: a Bíblia. Falar deste livro traz mais que entusiasmo.

Mas, embora eu seja um homem de comunicação, nem sempre consigo comunicar o seu valor. Certa vez errei ao querer impressionar um humilde agricultor.

Apontei para o exemplar da Bíblia que tinha em mãos, impostei a voz, e declarei:

— Valdevino, este livro tem mais de quatro mil anos.

— E até que está bem conservado, sô! — respondeu ele com genuína simplicidade.

Marketing de Imagem

Aquecendo as vendas

Francisco saiu do prédio escolhendo onde pisar seus pés descalços. Íamos a uma festa a fantasia numa república de colegas da faculdade. A minha era simples: camisa, bermudas, meias e sandálias. Acreditava estar fantasiado de turista americano, mas ninguém percebeu. Já o Francisco, fez o maior sucesso vestido como estava. Ou não estava. Para impressionar as meninas com seu físico, foi de Tarzan.

Exceto por uma pele de onça plástica cobrindo a sunga, o homem-macaco estava de vento a favor. E como ventava! Aquela noite de junho estava tão fria que suas primeiras palavras ao entrar no caro foram:

— Puxa! Tá bem mais quentinho aqui dentro!

E suas últimas palavras também. Tiritava demais para conseguir falar.

Propus-me a voltar ao seu apartamento para que trocasse de fantasia. "Cowboy!", sugeri eu. Afinal a festa seria num lugar chamado "Praia das Vacas". Mas Tarzan fez que não ouviu. Ou já era um princípio de otite. Sua preocupação estava em descobrir por onde entrava aquele ventinho no painel. A minha, se o arrepiado da pele poderia estragar o assento do carro.

Tarzan queria chamar a atenção e foi só o que conseguiu. De resto, passou a festa encolhido e tremendo. Se alguma menina chegou perto, foi para perguntar se tinha passado batom azul. Não tinha. Ali, sozinho e sem Chita ou Jane, chamava a atenção, mas não despertava emoção. Nem o grito da selva arriscou. A garganta inflamou.

Há quem pense que para vender basta chamar a atenção com publicidade. Isso não é tudo. Vender é um processo que deve despertar também o interesse do cliente, cujo problema você conseguiu identificar. O passo seguinte é colocar o problema sob uma lente de aumento e revelar detalhes que nem ele percebera. Depois, oferecer a solução. Mas não para aí.

Tarzan era nobre, Lord Greystroke. Se fosse filho de macacos, nunca teríamos ouvido falar nele. Suas credenciais são importantes para vender, dão credibilidade para o cliente aceitar sua análise do problema e a solução proposta. Suas palavras também serão lembradas como parte de um contrato verbal. Edgar Rice Burroughs nunca escreveu a frase *"Me Tarzan, you Jane"* na história original. Foi Johnny Weissmuller quem disse isso a Maureen O'Sullivan, ao se oferecer para levar sua mala no estacionamento do estúdio. A frase foi parar nas telas.

Mas credibilidade auto gerada não basta. Depois da atenção, solução e reputação, o cliente vai querer uma indicação, para ter a certeza de que não está tratando com apenas mais um na multidão. No pacote entra diferenciação, promoção, melhor condição, negócio de ocasião, enfim, oferecer qualquer "ão" que evite um "não".

Se acha este papo sem lógica, é bom entender que lógica nem sempre entra na venda. No varejo, o que pesa são as sensações. Por isso publicidade boa é aquela que passa a unha da mensagem na lousa da mente. Faz a plateia arrepiar, como você já arrepia só de imaginar. Cria emoções que reduzem receios e temores antes de introduzir o encanto. A lógica vem depois da compra, para o cliente explicar para si mesmo e para alguém a razão do gasto sem razão.

Todavia, ainda que você venda sensações das quais seu produto é só a bandeja, não espere que o que você falar é o que o cliente irá ouvir. Existe um universo de sonhos, expectativas e experiências separando os dois mundos, o seu e o dele. Uma distância tão grande que, para transpô-la é preciso dar a volta por trás. Enxergar anseios escondidos sob a pele da nuca.

Mesmo que você venda por quilo, o que o outro compra é tão leve quanto o intangível. Se for jovem, irá querer riqueza, boa aparência e popularidade. Na meia-idade, saúde, segurança e prestígio, além de tempo para sorver o futuro. Tempo que, na terceira idade, terá de sobra, de tanto que economizou. Para gastá-lo, irá querer comprar entretenimento.

Mas será que necessidades básicas não entram nessa equação? É evidente que sim. Mas só quando a fome aperta, a dor aumenta ou o frio castiga. Aí o cliente faz qualquer negócio por uma sensação de conforto, ainda que pague caro por isso. Com Tarzan não foi diferente. Abriu mão de exibir sua masculinidade na festa, pagando o preço da gozação em troca de uma sensação de conforto térmico. Passou o resto da noite aquecido num feminino xale de lã, emprestado de uma fantasiada vovozinha.

Marketing de Fidelização

Assinando embaixo

John examinou a lâmina de ferro fundido do arado. Era tosca e áspera, e seu formato acumulava lama. Os arados que os fazendeiros levavam para o ferreiro consertar não serviam para a terra úmida e pegajosa do meio-oeste. Esta grudava na lâmina, obrigando o agricultor a interromper o trabalho para limpá-la.

O esforço extra quebrava os arados, garantindo o trabalho do jovem ferreiro, uma maneira cômoda de se ganhar dinheiro, para quem quisesse passar a vida consertando arados errados. Mas John não queria oferecer um paliativo, e sim uma solução. O que o cliente via como dificuldade, seria a mola propulsora de sua criatividade. Uma mola de aço. Foi no aço que John pensou.

Em negócios, sou como lâmina de arado, abrindo o solo para semear e colher. Tudo vai bem, enquanto o desempenho não cai. Aí passo a culpar. É o produto, é o mercado, é o cliente, é pau, é pedra, é o fim do caminho, é um resto de toco, é um pouco sozinho, é o carro enguiçado. Até ouvir Tom Jobim cantar: *"É a lama, é a lama!"*

Minha reputação! Meu nome influencia meu desempenho nos negócios. Numa sociedade cada vez mais conectada todos são vizinhos, e basta abrir uma janela para conversar, indicar ou difamar. McLuhan falava de uma aldeia global, mas será que previu a fofoca universal? Se não previu, ao menos reconheceu o imprevisível, quando escreveu: *"O futuro não é o que costumava ser"*.

Está cada vez mais difícil atender mal. Todos ficam sabendo a um clique do mouse. Mas, há uma recompensa para quem atende bem. Todos ficam sabendo, também a um clique do mouse, embora isso aconteça numa proporção bem menor. Pois notícia ruim ainda corre mais rápido e vai mais longe. Quem quiser "vender e correr" vai tropeçar na rede.

Vender passou a ser cortejar, encantar e casar. Como nos velhos tempos. Só que o casamento com o cliente não é o fim, mas o início de um relacionamento, até que a concorrência nos separe. O que não deve acontecer se o encanto for mantido com uma singular gentileza a cada manhã.

Isso exige uma mudança de postura. De vender, para servir; de enganar, para encantar; de tomar, para dar. Nada de novo até aí. Essa sabedoria sempre esteve biblicamente disponível: *"Dai e vos será dado. Uma boa medida, calcada, sacudida, transbordante será colocada no vosso colo"*. A diferença é que alguém descobriu base científica para isso.

Segundo artigo publicado na revista *The Economist*, antropólogos suíços e americanos revelam que temos uma tendência natural para recompensar quem coopera conosco e punir quem não age assim, mesmo que isso nos custe algo, de uma forma ou de outra. É o princípio da reciprocidade que leva à fidelização.

Fala-se muito em fidelização do cliente e pouco em fidelização de quem vende. Com o acesso à tecnologia da informação, é fácil o cliente descobrir quando é traído, e aí a lama gruda em quem ainda insiste em uma postura arcaica e inflexível a mudanças. Ser fiel não é só me lembrar do cliente para chamá-lo pelo nome, mas fazer tudo para o meu nome não ficar marcado e nunca mais ser chamado.

Servir uma clientela cada vez mais informada e informatizada é sucatar aquela imagem rugosa, de uma inflexibilidade férrea forjada por uma cultura de venda predatória. Você tem um nome a zelar? Então seja polido o suficiente para não reter lama em seu caráter. Polido, flexível e eficiente. Como aço, temperado e temperante.

Foi o que John viu. Um pedaço de aço de uma serra quebrada, esquecido num canto da oficina. Deu à lâmina uma nova forma, poliu, afiou e criou o primeiro arado do mundo com lâmina de aço polida. Imune à lama que tanto atrapalhava o desempenho. O ano de 1837 marcaria uma reviravolta na produção agrícola e o início de um novo negócio para John.

Tão perfeito ficou seu trabalho, que John Deere batizou o arado com o seu nome, cunhando nele uma frase que passaria a nortear tudo o que sua empresa viria a produzir desde então:

"Jamais colocarei meu nome em um produto que não tenha em si o melhor do que há em mim".

E você, coloca o seu nome naquilo que faz?

Marketing de Atendimento

Atender no tom é um dom

O piano olhava mudo para o espaço vazio à sua frente. O sorriso de teclas brancas, engastadas sob uma gengiva de flanela vermelha, se esconderia atrás dos lábios de madeira. Sem ânimo para tocar para uma audiência que não tinha onde sentar. O jogo de sofás mudara de endereço, deixando um triste silêncio em seu lugar.

Eram quase seis da tarde, véspera de feriado, quando minha mãe e minha filha resolveram preencher aquele espaço. Olhavam indecisas para os sofás na loja de móveis. Será que daria para levar um daqueles conjuntos até o apartamento para experimentar? Antes de comprar, precisavam saber se combinaria com o piano e os outros móveis.

O vendedor nem titubeou. Dois estalos de dedos depois, e um caminhão com dois bem-humorados colaboradores estacionava em frente ao meu prédio. Logo, dois estofados resfolegantes arfavam em frente ao piano. Que mantinha a tampa fechada, para não rir da cumplicidade da dupla neta-avó, cujos cinqüenta anos de diferença nada tinham de abismo entre gerações. "Puxa aqui", "empurra ali", "mais para cá", ordenavam em uníssono.

Enquanto os prestativos colaboradores rodopiavam móveis diante do piano, próximo dali uma cliente escolhia um perfume numa loja de grife.

— Posso dar um cheque para trinta dias?

A vendedora, mais preocupada com o fim de expediente do que com a cliente, negou. E, para deixar claro que atender era para ela tão agradável quanto expelir cálculos renais, completou:

— Perfume é supérfluo; só compra quem tem dinheiro para pagar à vista.

A cliente saiu, o perfume ficou.

Não vendemos apenas o que o cliente quer. Vendemos como, quando e onde ele quer. Se o que pede é um carro pequeno, nas entrelinhas lemos econômico, não desconfortável. O que deseja é sua vontade; o que não diz, sua necessidade. Mas há outras linhas escondidas entre as entrelinhas, as quais você só conseguirá ler se vender com prazer. Por exemplo, aquilo que o cliente não revela, como o desejo de ser bem atendido, ouvir palavras agradáveis, ganhar um elogio ou coisas assim.

Mas não para aí. Quem compra quer um algo mais, uma vantagem, uma surpresa. Talvez um brinde. Cautela, porém. Brindes promocionais costumam levar a mensagem explícita: *"Você é tão importante para nós que... queremos usá-lo para fazer propaganda de graça"*. E dá-lhe marca estampada em camiseta para ser esquecida em alguma gaveta. Se tiver sorte, sua marca poderá aparecer de graça na TV, no peito de um detento ou de um refém sobre o muro de algum presídio amotinado.

Melhor do que brinde é presente. Dado com pompa e graça, para que o cliente recorde o momento e o seu atendimento. Que valor seu cliente daria àquela caneta, relógio ou camiseta se não tivesse sua marca para dar valor? Valorizaria como presente. Valor e marca são sinônimos. Representam a vantagem que o cliente percebe naquilo que compra ou recebe. Não a intenção que você atribui àquilo que distribui.

Mas não há presente, preço ou prazo que se compare a um bom atendimento. Daquele que deixa um eco na mente do cliente, qual nota tangida na freqüência de seus desejos satisfeitos. Atender no tom é um dom. Foi assim com o conjunto de estofados. O atendimento foi tão bom que minha mãe e minha filha pediram bis.

— Daria para os senhores buscarem o outro conjunto, para vermos qual fica melhor?

Enquanto os alegres carregadores garantiam que sim, eu me escondia de vergonha. O expediente na loja já tinha sido encerrado, mas não o expediente que garantiria fidelizar aquelas clientes. Logo os dois venciam os três andares com outro conjunto, agora azul, contrastando com o vermelho de suas faces. Se os entregadores já estavam alegres, você precisava ver o sorriso que deram quando elas decidiram ficar com aquele conjunto.

O atendimento não parou ali. As clientes ainda tinham um desejo escondido sob os sofás. Era preciso escurecer os pés para combinar com a madeira do piso. Os dois já tinham lido os pensamentos e removiam os pés a quatro mãos. Ficamos todos encantados com a coreografia. É provável que minha mãe e minha filha procurem a mesma loja se decidirmos trocar o piano. Sim, pensei o mesmo que você. Mas aí eu irei junto, para certificar-me de que elas decidam na loja. Afinal, pianos não são feitos de espuma.

Marketing de Auto-Estima

Big Monkey's Blues

Esta já é a quinta casa e Toninho ainda não vendeu um só repolho em seu primeiro dia de empresário-mirim. Enquanto levanta a cesta para a dona escolher, um pensamento ecoa na mente do menino: "Tomara que compre, tomara que compre..." Comprou. Estamos em Limeira, interior de São Paulo. O ano? O mesmo em que Toninho completa seis anos de idade.

Antonio Guerreiro Filho, que ainda é Toninho para os amigos, está inquieto. Estamos em 1984 e ele já não é menino. É diretor de uma das maiores fábricas de rodas do mundo. No chão de fábrica, figuras melancólicas trabalham sem qualquer motivação, vestidas em engraxados macacões azuis. Um batalhão de Carlitos, de *Tempos Modernos*", com a auto-estima abaixo do chão. Sua rotina é acordar, vestir o macacão, ir trabalhar, voltar para casa, tirar o macacão e dormir. No dia seguinte o apito da fábrica pede bis.

Um psicólogo importado diagnosticaria que sofrem de *"blues"*, uma melancolia, enquanto eu, mais marketeiro, talvez sugerisse motivá-los a investir na imagem. O macacão carece de uma identidade própria? Vamos criar um nome, para impressionar. Em lugar de "macacão", vamos chamá-lo de *"Big Monkey"*. A cor? *"Grease blue"*, ou azul-graxa. Azul é modo de falar. A coisa está mais para preta.

Mas Antonio confabula com seus botões que o problema não está na roupa, embora pretenda usá-la para chegar à raiz. Escolhe alguém da produção para vestir uma camisa branca.

— Camisa branca, chefe?! Vai sujar...

E sujou. Descobriu a razão e solucionou. De tanto suja-descobre-soluciona, a fábrica muda. Ou melhor, o que muda é a atitude. A princípio, é só um que ganha a camisa. Os outros começam a pedir. Um curso, uma cerimônia de entrega com a presença da família, e está criado o ícone, uma ode à qualidade.

Para não sujar a camisa, cada um mantém sua máquina absurdamente limpa, e o piso também. Menos horas paradas por causa de vazamentos, máquinas quebradas e faxina. Peças grandes, antes carregadas no abraço e apoiadas na dobra da barriga, agora são levantadas por equipamentos próprios. Alguns deles criados pelas mesmas cabeças cujos pescoços são cuidadosamente esfregados no banho, para não sujar o colarinho. Fim dos problemas de coluna com injeções de criatividade.

A revolução continua. Em reuniões periódicas, quem fala é a produção e quem ouve é a direção. O conhecimento é trocado numa gestão participativa, protagonizada pelos responsáveis pela atual sala de visitas da empresa: o chão de fábrica. Dá-lhe injeção de auto-estima. Em casa, cada esposa descobre que seu marido é mais que um macacão perdido na multidão. É o fim da melancolia, do *"Big Monkey's Blues"*. A bossa-nova começa a conquistar o mundo.

Por dois anos, Antonio Guerreiro viaja, implantando a filosofia *"O Poder da Camisa Branca"*® em mais de duzentas fábricas da Rockwell em todo o mundo. Peter Drucker, em entrevista à Wired Magazine, diz que uma organização precisa ser como banda de jazz — todos criando a partitura enquanto tocam. "Soa bonito, porém ninguém realmente descobriu como fazer isso", considerou. Alguém descobriu. Um brasileiro do interior dá o tom, e a turma toca. Nem jazz, nem blues, a solução é sertaneja. "Xique nu úrtimu".

Estamos na Flórida. David Ulrich, guru da administração, termina sua palestra. Antonio Guerreiro sobe ao palco, dá dois tapinhas no microfone e começa a falar. Na tela, os slides mostram o que antes era chão de fábrica, e agora é piso de fábrica, mais limpo que a pia de minha cozinha. Empilhadeiras, com pneus revestidos por capas de tecido para não marcar o piso, circulam entre máquinas operadas por pessoas vestidas com camisas brancas desde 1984 — trocadas todos os dias, evidentemente.

Guerreiro termina sua palestra e a garganta dá um nó. Diante dele, os cento e vinte principais executivos da Rockwell International aplaudem em pé. Antonio pensa nos verdadeiros homenageados, aqueles que literalmente vestiram a camisa e conquistaram prêmios no mercado internacional. Em Detroit, Lee Iacocca se admira com os prêmios de qualidade de um fornecedor da Chrysler. É uma fábrica numa tal de Limeira.

— Where is Limeira? — indaga.

® "O Poder da Camisa Branca" é marca registrada da Arvin Meritor

— Brazil — responde um assessor.

Não pergunta mais nada. Nem da selva, nem das cobras ou macacos. Nem dos macacões.

Marketing Criativo

Criando de cabo a rabo

Quem costuma trabalhar em um terminal burro — o posto avançado de um computador central — conhece só meia verdade. A verdade inteira é que o computador na outra ponta também é burro. E se eu pensar que o computador pensa, pertenço à mesma família. A menos que aprenda que pensar é enxergar além de dados informes. Ou além da informação.

Computador pensa? Penso que não. O que faz é armazenar dados, dar forma a eles e informar o resultado, assim como a fôrma dá forma aos ingredientes que formam o pudim. É por isso que informação não passa de dados que ganharam uma formatação. Mas será que a máquina pensou aí? Ainda não. Só processou.

E o terminal burro? Oras, ele cospe o pudim que o computador burro formatou. Quem se concentra demais nos dados e na informação só consegue enxergar o furo do pudim, onde não há sabor nem sensação. Todavia, quem pensa saliva. Estimulado pelas glândulas da intuição, desperta a imaginação que leva à criação. Já viu um micro com intuição? Já vi gente com micro-intuição, que aprendeu a pensar como os computadores, só na razão. E há quem acredite que isto seja educação!

Educar não é ensinar a juntar dados e mostrar como formatá-los. Isto é brincar de "cubo mágico", girando, girando, até que cada face fique com a mesma cor. Quem decorar a fórmula chega lá. Formou o cubo, está formado. Sai pensando que aprendeu a pensar. Nem a pensar, nem a criar.

Criar é formar o rabo que outro bicho comeu, como a lagartixa faz. Esculpir uma nova cauda a partir da informação que nem imagina ter, usando a matéria prima fornecida por moscas deglutidas. Pronto! Nasce um rabo que sabe rebolar tão bem quanto o comido. Não é à toa que a linha de servidores pensantes da IBM tenha sido batizada de eLiza — do inglês *lizard* de lagartixa.

A ideia era que o servidor fosse capaz de aprender com os erros e praticasse a auto correção. Não chegava a ser um HAL, o computador de *"2001 – Uma Odisséia no Espaço"*, cujas letras precedem as letras I, B e M no alfabeto, mas já era alguma coisa. Porém não penso que consiga pensar no sentido em que pensamos. Talvez seja um servidor mais inteligente que deixe mais burro o terminal. Uma relação que, se ocorre entre máquinas, não ocorre no marketing.

No marketing, a informação precede, acompanha e persegue seu cliente. Faz com que ele deseje, use e se apegue ao seu produto. Mas não é tudo. Faz com que seu cliente aprenda. Sua empresa, o servidor inteligente, não está conectada a um terminal burro, mas a um cliente que aprende. Um ser humano que aprende com você, com seu produto, com seu concorrente, e fica cada vez mais inteligente.

É incrível ver o número de empresas empenhadas numa guerra dos cem anos de preços, promoções e liquidações, além de queima de estoque, quando deviam estar queimando as pestanas. Elas mantêm produtos e estratégias estagnadas, que insistem em zombar da inteligência do cliente. Como aprender é um processo, ensinar também deve ser. Se os produtos ensinam, não podem parar na primeira lição, como acontece com a educação.

Pelo menos a educação tradicional, aquela que recebemos. Quer ver? Você aprendeu que devia aprender até começar a trabalhar. Escola, formação, trabalho, nesta ordem. Mas as coisas mudaram e a escola parece ser a última a aprender. Continua a ensinar a resolver o "cubo mágico". Quem conseguir, está pronto para parar de aprender e começar a trabalhar. Mas será que decorar aprender a receita é pensar?

Empresas que aprendem continuam educando seus educandos antes que virem burros terminais. Outras ainda não deram este passo, nem o próximo, que é entender que a empresa também ensina o mercado a partir dos dados que dele aprendeu, formatou e recriou. Como a lagartixa, que cria um novo rabo para substituir aquele que o mercado já comeu.

Isto se faz com criatividade, a capacidade humana de enxergar nos dados informes aquilo que o computador não vê. Agostino D'Antonio, de Florença, trabalhou um grande bloco de mármore e não chegou a lugar nenhum. Desistiu da rocha ruim. Outros também. Por quarenta anos o bloco permaneceu em sua monolítica inanição até alguém enxergar nele uma possibilidade de criação. Na rocha informe Michelangelo viu Davi, e o esculpiu.

Marketing de Comunicação

Das Palavras e Sua Influência nas Massas

A macarronada *al pesto* estava deliciosa. Requentada, mas deliciosa. O problema era que a *maledetta* havia resolvido conversar comigo. Podia sentir cada fio de macarrão fazendo incursões em minha garganta e suplicando: **"Quero sair!"**

Não sou de ceder ao primeiro apelo. A princípio lutei para que ficasse. Ela tinha sido gostosa demais para eu deixá-la sair assim, sem mais nem menos molho. O engraçado foi que, a partir do momento que fiquei indiferente — se quisesse, ela que fosse embora — resolveu fincar o pé. Se é que macarrão tem pé.

Fui para a empresa do cliente carregando um vulcão no ventre. Uma tarde inteira em reunião, discutindo os problemas de um projeto com mais três pessoas. E uma macarronada arrogante, ou, para ser mais realista, "arrotante".

A boca, eu só abria para o necessário. O desnecessário, eu evitava que viesse à tona. Seria demasiado *off topic*. Aliás, "off" era o som que às vezes escapava. Bolhas que subiam à garganta e eram liberadas com a placa multimídia desligada. Para evitar o som de rasgo em pano roto.

— Não devo falar o que penso? — perguntou uma aluna do curso de marketing onde leciono.

Não. Deve pensar o que fala. Palavras ou macarrão, tudo exige uma preparação. As massas sempre saem perdendo quando expostas ao desvario de bocas inconseqüentes, que o digam os ditadores. Ou melhor, que permaneçam calados. Mas, quando domadas, as palavras não lembram em nada minha macarronada.

O molho das palavras deve trazer um aroma inconfundível. Excêntrico, marcante, insinuante. Se ficará na memória, vai depender de como foi preparado. Mensagens com muito óleo escorregam logo para dentro, mas são lisas demais para arraigar. Quando insípidas, passam despercebidas. Fortes demais, ferem o paladar.

Não basta ter as palavras certas, é preciso saber quando soltá-las. Ou retê-las. Porque o silêncio, às vezes, fala mais alto, ou solapa mais embaixo os argumentos em contrário. Mas, quando soltas, as palavras não devem vagar ao léu. Devem sair vestidas de associações, analogias e parábolas, que são âncoras familiares.

Falamos com a boca o que o corpo já tentou dizer. Antes do grito, o rosto enrubesce, os olhos ficam injetados, os dedos crispados, o ventre retesado e as ventas se abrem para sorver o ar, que volta na forma de som. Fazer a expressão preparar o caminho da falação é estender o tapete vermelho para a mensagem que sai, ora vezes atrasada, ora indecisa, para, criar em quem lê o rosto, a expectativa de quem quer ouvir a voz. Victor

Hugo escreveu que, *"Quando a boca diz: Sim; o olhar diz: Talvez"*.

Nossas palavras carregam sons e aromas, sentimentos e emoções, maiores até do que a realidade propõe. Palavras registram fatos críveis, mas nem sempre factíveis, nas áreas extraordinárias da imaginação. Alguém me disse que não gostou do filme *"O Senhor dos Anéis"*. Gostou mais do livro. O mundo criado em sua mente pelas palavras do autor era maior e mais fantástico do que os fotogramas do diretor. Essa pessoa até hoje acalenta suas cenas inéditas, guardadas numa imaginação onde não entra sequer a visão.

Memórias acalentadas não são memórias requentadas, como era a macarronada, que acabou me levando ao banheiro da empresa num momento de fraqueza. Assustei ao ver no espelho um duende. Era eu, verde! Voltei para a sala, sem coragem de chamar o Hugo, não o Victor. No banheiro havia testemunhas demais para um consultor perder a compostura e a macarronada. Caminhar ajudou a assentar a carga. Olhei no relógio e... vitória! O dia terminara e a macarronada sossegara. Saí da sala com os problemas resolvidos, mesmo sem precisar limpar a mesa.

Permanece a lembrança do sufoco. Nem de paletó eu estava na reunião. Se estivesse, poderia imitar um amigo de meu pai na juventude. Dançando ao som da sanfona, o rapaz trouxe a mão da garota para junto ao queixo, para ter a boca bem perto da manga larga do paletó emprestado. É que, enquanto para ela só os dois rodopiavam pelo salão, para ele o salão também rodopiava enquanto o espetinho de gato, embriagado, pedia para sair.

Como a boca do rapaz já estava na boca da manga do paletó, da mão que segurava a mão da donzela, conseguiu evitar que fosse maior a mazela. Mas não pode evitar chamar o homônimo do escritor: **"Hugooooo!!!"** Fez que tossiu, pigarreou, pediu licença à moça, e caminhou tranqüilo rumo ao banheiro. Com o braço levantado em ângulo reto, como se continuasse a dançar.

Marketing de Educação I
Mantendo o ensino a distância

Educação a distância não é novidade para mim. Desde meu primeiro contato com uma professora, descobri minha vocação para aluno a distância. Minha mãe me inscreveu num curso de piano antes mesmo de me ensinarem a ler. Na minha cabeça pequena, era como um curso de datilografia, só que com apenas duas letras: as brancas e as pretas.

Dois dias depois eu já estava a distância daquele ensino. Não queria ficar ali pintando bolinhas presas entre as linhas apertadinhas daquele caderno esquisito, enquanto minha irmã tocava de verdade. Desse dia em diante procurei ser um bom aluno a distância. Procurava me manter a distância do ensino. Não pense mal de mim. Eu gostava de aprender, mas só o que gostava de aprender. Não o que o ensino regulamentar gostava de ensinar. Se é que gostava.

Assim que aprendi a ler passei a devorar livros e gibis., principalmente ambos. Sabia de cor e salteado o *"Tesouro da Juventude"*. Lia até a edição em espanhol da *"Mecânica Popular"* que meu pai assinava, provando que a melhor professora de idiomas é a dona Vontade.

Quando queria um ensino ainda mais a distância, ia até a casa de minha tia, compradora contumaz de todas aquelas enciclopédias vendidas nas bancas, cujos fascículos ninguém manda encadernar. Ela mandava.

Meu primeiro contato com um ensino a distância mais formal foi aos dez ou onze anos, quando alguém tentou me vender um curso de segunda mão. Ou de segundo punho, já que o sujeito das fotos aparecia sempre de punhos fechados, naquelas poses de cotovelos em ângulos esquisitos, para cima e para baixo, como as figurinhas nas paredes das tumbas egípcias. Aquilo sim era cultura — cultura física. No curso, Charles Atlas prometia que eu ficaria com um físico igual ao dele, para atrair as garotas. Naquela idade eu não tinha muita certeza da utilidade que poderia haver em atrair garotas.

O menino magrinho que queria vender o curso não saiu da primeira lição, aquela que ensinava a comer um caminhão de proteínas. Não conseguiu convencer a mãe a cozinhar uma granja inteira de ovos e fritar um boi fatiado todas as manhãs, nem a comprar as peras e maçãs, que o cardápio traduzido ordenava e que na época eram caras e importadas. Tampouco a tomar canja todas as noites. Frango, na casa do magrinho, só quando um dos dois ficava doente.

Não comprei o curso, mas a partir daquela época grudou em mim a vontade de estudar à distância. Mas isso você só vai ler no próximo capítulo, pois se existe algo que todo ensino a distância que se preze deve ter é a técnica de Sherazade, nome da princesa de *"Mil e Uma Noites"*, cuja vida seria ceifada na manhã seguinte se não conseguisse manter o príncipe entretido para adiar a execução. Para ganhar a vida, ela contava histó-rias e as interrompia no ponto certo, como faço aqui.

Não me pergunte a razão da preferência do príncipe por ouvir histórias justo na noite de núpcias. O que importa é que Sherazade mantinha o curso da cimitarra a distância de seu pescoço, interrompendo a história sempre um pouco antes do amanhecer. Bem na parte mais interessante, para deixá-lo louco de vontade de ouvir o resto da história. A continuação? Ele que a-guardasse a próxima noite.

Sherazade tinha a fórmula que todo ensino a distância gostaria de ter para reduzir os índices de evasão por fal-ta de interesse. Ela conseguia manter seu aluno por mil e uma noites só contando histórias, interrompidas na hora "H". E o príncipe era todo ouvidos naquelas noites em claro. Isso talvez explique o fato do café ser originário daquelas terras e época. Só não podia ser expresso.

Marketing de Educação II

Diminuindo a distância do ensino a distância

A *Harvard* dos meninos de minha época era o *Instituto Universal Brasileiro*, que oferecia cursos de ensino a distância nas páginas dos gibis. Associar os cursos aos heróis que lhes emprestavam as páginas tinha um efeito tremendo nas mentes infanto-juvenis. Acrescentava credibilidade e modernidade, pois na época nossa *MTV* era o gibi. Além disso, o ensino a distância permitia que eu conservasse minha identidade secreta e estudasse no esconderijo de meu quarto. Como o Batman.

Os "reclames" sempre traziam um cupom, e eu recortava todos. Receber coisas pelo correio me fazia sentir importante, dava status. Nem sabia o que era, mas queria ter. Minha irmã também, mas sem saber. É que informações para cursos femininos — cursos que ensinavam corte e costura, cobrir botões e plissar saias, — eu pedia em nome dela e esperava no portão. O carteiro devia achar que estava diante de um futuro estilista de moda, aquele menino com o estranho nome de "Angela". A ironia é que minha irmã acabou virando estilista. Teria ela descoberto onde eu escondia os prospectos e concluído algum curso?

Após desfalcar o Instituto de toneladas de papel publicitário, decidi adquirir um curso. *"Desenho Artístico"*. Adorava, mas detestava ler as instruções. Preferia imitar. Assimilava mais observando as técnicas que as páginas artísticas transpiravam. Depois eu enviava os exercícios pelo email da época, que exigia selos. Todos voltavam corrigidos por gente de verdade! Aquela nota manuscrita com Bic vermelha tinha para mim o valor do autógrafo de um mestre.

O que motivava o menino de então motiva hoje qualquer aluno a distância. Os meios mudaram — o papel virou monitor, o lápis é mouse e o correio ficou eletrônico. Mas o menino é o mesmo. Inquieto, inconstante e indeciso, qual beija-flor em floricultura. Como mantê-lo quieto na carteira por mais de trinta segundos? Não será com o puxão de orelha de *dona* Dinorah, minha professora do primeiro ano, nem com a candura da dona Aurora, professora do segundo. Então, o quê?

Com o bater virtual do bumbo da motivação, sem o qual remador nenhum vai calejar a mão. Primeiro, o suspense e a gratificação de cada descoberta, a técnica de Sherazade, ainda que o curso não dure mil e uma noites. Depois, um herói, a figura humana que atrai, cativa e seduz. Quem nunca ouviu da aluna que se apaixona pelo professor? Difícil é se apaixonar por um ensino a distância que não mostre um rosto sequer.

Então vem a associação com o mundo tangível, clara indicação dos resultados que seus resultados trarão, porque não existe nada mais tangível do que o sonho de cada um. No menino, era o prazer de ser distinguido com a atenção de uma organização, a presença humana implícita na nota vermelha manuscrita e o acreditar poder desenhar como os mestres das histórias em quadrinhos. No aluno via Web de hoje, o estímulo está na antecipação de que aquele endereço de três dáblios possa se transformar num emprego de muitos dígitos.

Só depois vem a pirotecnia — vídeo, áudio e design. Nossa geração televisiva dá a esta a importância primeira, mas o importante não está aí. Lembro-me de Paulo Autran em um monólogo de duas horas. No palco, só um banquinho com todo o seu talento sentado em cima. O resto do cenário ficava por conta da imaginação. A mesma que todo ensino a distância deve buscar despertar, para aquilo que é ensinado e para o seu resultado.

Foi isso que procurei fazer, num curso que desenvolvi para atendimento em consultórios. Como na época nem todos tinham Internet rápida, a mídia escolhida foi o CD para computadores. Vivemos sempre uma fase de transição. Aquilo resolveu o que a lentidão de uma conexão poderia dificultar: incluir a figura humana em vídeos motivacionais, abrindo cada bloco de lições.

Mas, como instilar nos textos e exercícios aquela compulsão pela próxima lição? Público predominantemente feminino, intuitivo, capaz de mentalizar climas e situações, numa faixa etária de romantismo latente, ávido por novas emoções. Minha escolha foi firme: Novela! Não tele, mas rádio, que permite tantos cenários e feições quantas forem as espectadoras e expectações.

Foi assim que nasceu Eustáquia, a recepcionista da clínica do Dr. Perônio. Aluna dedicada, que aprende a atender o cliente em um diálogo com ninguém menos do que o próprio. Aprende a encantar e a ficar encantada. Até que um dia... Bem, você me odiaria se eu contasse o final da novela.

Marketing Pessoal

Do ostracismo ao Marketing Pessoal

Ostras são sempre as mesmas. Pelo menos por fora. A diferença está no que algumas trazem dentro de si. Pérolas. Só reveladas por bocas abertas a golpes de faca.

O mundo está cheio de ostras profissionais. Cascas horrendas, de rudes e ásperas, perolizando informações sugadas de uma vida de estudos e experiências. Mas que mantêm bocas teimosamente fechadas para as pérolas reclusas de seu conhecimento profissional. Perdidas no muco de suas camadas cerebrais.

À medida que o mercado passa a valorizar o conhecimento, as ostras começam a se agitar. Umas, mais afoitas e vulgares, espirram sujidades que só turvam a água em redor, deixando suas pérolas embaciadas pela falta de distinção.

Outras investem em um meticuloso e polido marketing pessoal, transluzindo a preciosidade através da madrepérola da casca. Numa revelação discreta e quase sensual de seu interior, despertam no mercado o desejo de ver mais. E pagar para isso.

Existe em nós um desejo natural de revelar o que sabemos na forma de opiniões. E insistir para que outros as comprem, ainda que o único pagamento seja a satisfação do reconhecimento público de que estamos com a razão. Você encontra esses vendedores de opiniões em todos os lugares. Nos cafés, nos cabeleireiros, na fila do banco e nos estádios. Todos procurando conquistar o mercado das atenções e fazer prevalecer a sua marca.

Mas na hora de expor aquilo em nós que é vendável, viramos ostras. Mesmo o mais eloqüente vendedor de conhecimento futebolístico ou político acaba se retraindo ao falar de sua capacidade profissional. Acha que expor seu produto é ser esnobe e inconveniente.

Talvez isto aconteça por existir uma linha muito tênue entre o marketing pessoal e a altivez, essa odiosa tendência de acharmos que o universo orbita ao nosso redor. Não é incomum a vanglória ser fruto da insegurança gerada pela incompetência, que transforma coroas de lata em títulos de nobreza, e um ego que late em pedigree.

Quando falo de marketing pessoal, estou me referindo à exposição comercial de um produto acabado, do conhecimento que é colocado em prática na forma de competência.

A grande área de exposição promocional de baixo custo que a Internet oferece, permite que profissionais se posicionem como produtos para o mercado. São currículos que trocam os velhos envelopes pardos por um lugar de eminência nada parda nos sites de recursos humanos. Ou em elaborados sites pessoais.

A princípio pode parecer complicado administrar esse dois-em-um, pessoa e produto, ou mais-de-dois-em-um, se tiver múltiplas capacidades. Mas não é, se souber separar a pessoa do profissional, e o produto do ego.

O diretor da faculdade onde estudei exagerava no dualismo profissional causado pelos cargos que ocupava, um de diretor e outro de professor da mesma escola. Ao enviar telegramas convocando os professores para as reuniões mensais, dois iam para o seu próprio endereço. Um para o diretor e outro para o professor.

Como não podia deixar de ser, quando um ia à reunião, o outro não faltava. E lá os dois se desdobravam em uma terceira e anônima personalidade que, como mestre de cerimônias, anunciava:

— Aqui quem vos fala é o *Diretor* Oswaldo.

Terminada a fala do principal, vinha o anúncio:

— Agora quem vos fala é o *Professor* Oswaldo.

Que curiosamente costumava discordar do Diretor.

Marketing de Hábito

É de pequenino que se torce o pepino

Chegava correndo, o rapaz. Ninguém podia acusá-lo de uma chegada lerda. Nem de que não tivesse razão para tanta pressa. Tinha. Passava pela minha mesa num gás de dar inveja a rojão, aquele de vara. Tão rápido, que o vento quase arrancava o jornal de esportes que ele trazia na mão. Lá ia ele, prontinho para fazer o gol da manhã. Era o seu hábito, a descarga de seu estresse.

Engenheiro, adorava o banheiro. Bem vestido, falante e arrogante, de manhã, o que mais queria era chegar na empresa. Por isso vinha correndo, acelerando, costurando, para não chegar vazando. Para não perder tempo, e nem podia. Confessava que saía de casa apertado, para só fazer na empresa.

— Em casa — dizia ele — não sou remunerado.

Trocava a privada pela pública, por ser remunerada. E ainda se gabava de seu hábito.

Na verdade, aquele era o seu único gesto produtivo. O resto era ler jornal, escovar as madeixas com escova de cerdas e passear por entre as mesas devagar. Sempre parando, para conversar e atrapalhar. A pressa voltava na saída para o almoço, para recuperar o trabalho perdido. Aí, quem almoçava junto tinha que agüentar sua gabação. Casos de férias na praia, de peixe em posta, de coco verde. Nisso ele era bom e fluente.

Não demorou para a empresa perceber que o que aquele funcionário fazia, qualquer um sabia fazer mais e melhor. E a maioria preferia levar para fazer em casa, ainda que sem remuneração.

Não sei que fim levou depois que o mandaram para a rua. Deve estar em casa, fazendo força para continuar sua produção, embora não remunerada. Na idade em que estava, um diploma apenas não tinha poder para abrir portas, ou levantar tampas, como ele parecia preferir. Seu currículo era pobre. De tanto fazer necessidades presentes, acabou sem futuro, um hábito que causou um desarranjo em sua carreira e reputação. Algo difícil de limpar.

Maus hábitos abreviam o tempo no emprego e dificilmente a pessoa chega a esquentar o assento. E quando esquenta, é o assento errado. Um hábito ruim destrói do tato ao olfato, tornando a pessoa egocêntrica e fechada em seu cubículo mundo, a prisão do próprio ventre. Ela já não cheira, nem fede para o que os outros vão pensar. Só ela pensa assim.

O processo começa com pensamentos, pequenos e delgados. Digeridos, o grosso deles vira palavras que, materializadas em ações, que se transformam num hábito, nem sempre reto. Um troço difícil de se ocultar e mais ainda de se excretar, se não for logo identificado.

Os anos cuidam de sedimentar o caráter de uma pessoa assim. Sempre ocupada, não abre para ninguém a possibilidade de ser admoestada. Jamais assume suas culpas. Considera-se injustamente acusada pela queda do desempenho. Cedo ou tarde alguém a manda sair e, no fim, acaba com uma mão na frente e outra atrás. Até por força do hábito.

Estamos habituados a pensar que ninguém percebe nossos hábitos. Todos percebem. Como percebi, no aeroporto de Viracopos, enquanto aguardava um vôo para a próxima palestra. O garoto saiu de seu posto, a cadeira de engraxar sapatos, e atravessou o saguão ainda vazio, tentando vencer a inibição. Eu o acompanhava com o rabo do olhar.

— O senhor quer engraxar?.

— Não, obrigado" — respondi. Estava engraxado.

Deu meia volta e seguiu de volta ao seu posto. Eu o acompanhei com a percepção, além da visão. Na metade do saguão, um papel de bala chamou sua atenção. Saindo da rota, curvou-se até o piso, tomou o papel pela mão e o acompanhou ao lixo. Depois foi aguardar freguês nenhum. Se ninguém percebeu, eu percebi. Por força do hábito, o garoto procurava conservar a qualidade de seu habitat, mesmo não sendo remunerado para tal. Sentia-se dono do lugar.

De mala em punho, caminhei até sua cadeira e sentei. O garoto levantou o olhar e abriu os ouvidos para me escutar.

— Será que um profissional que se abaixa para pegar um papel de bala no chão vai fazer um bom serviço em meu sapato? — perguntei, até emocionado.

— Com certeza, senhor! — tamborilou ele com a escova contente.

Disse que desde pequeno tinha aquele hábito. Percebi. *"É de pequenino que se torce o pepino"*, diz o ditado. O garoto cultivava o hábito de surpreender.

Marketing de Eventos

E por falar em público...

Quando vi a plateia, tremi. Pela primeira vez iria falar em público. Ainda não era palestrante, mas mágico de um grupo de universitários metidos a teatro amador. Bota amador nisso. Um circo mambembe que saía em vésperas de Natal para entreter o respeitável público de crianças em orfanatos, hospitais e escolas de periferia. Meu papel era fazer desaparecer a tristeza e tirar da cartola a alegria. Era um começo.

Pessoas me perguntam sobre como fazer para falar em público e se tornar palestrante profissional, atividade que hoje ocupa boa parte de meu tempo. Acho que falar se aprende falando e também imitando, como fizemos quando crianças. Quanto a se profissionalizar, nunca pensei em ser palestrante. Quando menos esperava, já era. O conselho é o mesmo que daria a um iniciante em qualquer carreira: Pense grande e comece pequeno.

Minha carreira fez o caminho inverso: começou pequena e diminuiu. De mágico de crianças desci a pregador de cabras e galinhas. No dia seguinte iria pregar o evangelho a seres humanos, mas antes queria ensaiar com uma plateia de seres vivos. Falei para as cabras e galinhas em meu sítio. A experiência deu-me confiança para enfrentar qualquer público, por mais animalesco e desinteressado que pudesse ser. A cabras ficaram atentas e recebi uma salva de *"bééés"*. Das galinhas, nenhuma ovação. Mais de vinte anos se passaram desde então.

O ato de palestrar está para o palestrante assim como o de escrever está para o escritor. O jornalista escreve sobre o que viu, quem entrevistou, quando ouviu, onde esteve, como foi e por que aconteceu. Você abre a revista e lá está o João de Tal escrevendo sobre clonagem. Na semana anterior, João de Tal assinava sobre comércio exterior. Na seguinte, opina sobre trabalho, educação ou nutrição. Depois, vira correspondente de guerra. Mais adiante, fala de moda. Afinal, quem é o João de Tal?

Um tradutor, que sabe como obter do macro as tendências certas, para assá-las no micro das necessidades prementes. E depois servi-las em digeríveis fatias essenciais, enfeitadas com o glacê de suas observações pessoais. O palestrante faz o mesmo. Por isso posso falar em diferentes eventos, sobre diferentes assuntos, para diferentes públicos, passando para a plateia a síntese do que precisa ser dito. Envolto em bom humor, o tempero da informação que busca uma cadeira cativa no cérebro.

As novas tecnologias devem afetar bastante o trabalho do palestrante. Elas prometem enlatar, via TV, Internet ou videoconferência, o que antes chegava ao vivo. Mas é sempre mais estimulante falar para gente do que para a lente, pois enquanto falo, observo a reação de quem ouve e vou corrigindo o rumo para manter o prumo. Só que falar ao vivo me deixa apreensivo. Nunca sei quando serei obrigado a interromper meu discurso na metade por causa da garganta. O público pode querer cortá-la.

É preciso algum esforço para manter a plateia acordada em um ambiente iluminado apenas pela luz de um projetor. Pior ainda se for após o almoço em um dia frio. Aí corro o risco de fazer, para meus ouvintes, a palestra de seus sonhos. Em ocasiões assim aviso a recepcionista para não pedir silêncio aos retardatários que estão entrando. Algum engraçadinho poderia perguntar: "Já estão todos dormindo?"

Públicos variados me ajudam a manter a flexibilidade no falar. Falo semanalmente para crianças de uma escola dominical e leciono marketing em uma faculdade de administração, além do público habitual em eventos e empresas que me contratam. Além de ser eclético quanto a temas e públicos, devo estar pronto a reconhecer que alguém poderá fazer um aparte com maior brilhantismo do que o meu blá-blá-blá. Nessas horas é preciso humildade para reconhecer que não sei tudo. Quem se propõe a ensinar deve saber que ainda tem muito para aprender.

Mas nem sempre é fácil escapar ileso de situações embaraçosas. Em minha primeira experiência de falar em público — como mágico do circo mambembe — passei por um sufoco que não estava no programa. Ao mostrar rapidamente o interior aparentemente vazio de uma caixa para o respeitável público de um orfanato, perguntei:

— O que tem aqui dentro?

— Nadaaaa! — gritaram todos.

Quando o grito terminou, uma vozinha tardia e solitária na primeira fila denunciou estridente:

— Um espelhoooo!

Marketing Multiplicador

É um pássaro? É um avião? Não! É o Multitarefa!

Wagner Barbosa tinha que ser rápido. A visita do governador a Limeira estava terminando e o jornalista ainda precisava de boas fotos para publicar em sua revista Expressão Regional. Prestes a embarcar no helicóptero que o levaria a uma outra inauguração, em um parque temático a uns oitenta quilômetros dali, Mario Covas também tinha pressa. O difícil era conseguir se livrar da lente daquele jornalista insistente. E como insistia!

— Governador, mais uma ao lado do empresário fulano — pedia. — Agora esta, com o vereador sicrano — insistia. — O senhor não vai embora sem uma foto com o prefeito beltrano, não é governador? — suplicava.

O *click* da última foto ainda ressoava no ar quando o helicóptero decolou, jogando areia na pose de quem ficou. Para o jornalista, o desafio seguinte seria cobrir a chegada do governador ao parque temático. Só se fosse mais rápido que o helicóptero. Ou tivesse um clone.

Um clone é o que muita gente quer ter, mas ninguém ainda teve tempo suficiente para fazer. A solução está em ser multitarefa, como os computadores. Mas será que existe gente multitarefa? Se não existisse, não teríamos as empresas que temos hoje, muitas delas mantidas por pessoas que sabem cobrar o escanteio e ainda correr e cabecear para o gol. Gente que consegue estar em mais de um lugar ao mesmo tempo; para quem assobiar e chupar cana não tem graça, se não estiver escovando os dentes.

Uma expressão que começa a aparecer nos currículos é a do *multitask worker*, o trabalhador multitarefa. Um anúncio que vi buscava um profissional *"multitarefa, analítico e atento aos detalhes, com excelente comunicação verbal e escrita, habilidades no uso do computador e no atendimento ao cliente, e flexível para mudar de ambiente e pronto para tomar decisões."* Não querem nem pássaro, nem avião. Querem um multitarefa.

Normalmente é este o perfil de alguém com uma especialidade ou habilidade central, mas capaz de bater um bolão também na periferia de seu campo de ação. Gente que sabe que aquilo que hoje é marginal, amanhã pode ser sua atividade principal. Além disso, entende de marketing pessoal o suficiente para saber que o crescimento que chama a atenção da corporação não é o do organismo interno, mas o que ultrapassa sua circunscrição. Como o pneuzinho que infla a cintura.

Esta invasão das áreas limítrofes é importante para a carreira do profissional e para a conservação da base de conhecimento de uma empresa. As áreas estanques e monopolistas são grandes focos de problemas quando perdem um profissional. Daí serem cada vez mais valorizados os camaleões, sempre prontos e dispostos a mudar de cor, teor e setor.

A melhor analogia que encontro para este profissional é a esponja. Sim, o profissional ideal é uma esponja. Cheio de furos? Sim, cheio de furos, buracos e espaços vazios. Nunca está totalmente fechado àquilo que vem de fora. Tem sempre uma vaga para assimilar o novo porque sabe espremer o velho. Mas não me interprete mal, esponjas não são moles, são flexíveis. Se fossem rígidas, nunca conseguiriam trabalhar sob pressão e de nada adiantaria receberem um sabão.

Esta relação entre flexibilidade e espaço vazio é o que dá qualidade à esponja e ao profissional que deseja ser multitarefa. Além, é claro, de uma boa dose de multipresença, o que ninguém consegue a contento se não tiver uma boa rede de relacionamentos. Pelo menos enquanto não inventarem alguém que corra mais do que um helicóptero ou que tenha clones seus espalhados por aí. Um problema que o jornalista conseguiu resolver, mas sem jamais imaginar o susto que daria no governador.

A solução foi pedir a seu irmão, Valmir Barbosa, quase gêmeo de corpo e voz, que fotografasse a chegada do governador ao parque temático. Mal abriu a porta do helicóptero, Mario Covas foi logo ouvindo uma voz da qual pensava ter conseguido escapar:

— Governador, posso tirar uma foto do senhor ao lado do empresário fulano?

Estupefato, Mario Covas não podia crer no que via. Entre o susto e a incredulidade, só conseguiu exclamar:

— Rapaz, como foi que você conseguiu chegar aqui mais rápido que o helicóptero?!

Marketing de Embalagem

Embalagem cinco estrelas

Detesto fazer compras. Não tanto pelo dinheiro, mas por dar pouca atenção ao apelo. São poucas as coisas que eu gostaria de possuir ou que conseguem me seduzir. Comprar roupa seguramente não é uma delas. A vendedora que me enfia numa cabina deve ter a impressão de estar enfiando um gato numa tina. É comum eu precisar trocar metade do que compro por ter comprado com metade da cintura que uso. Em estado de choque, não sinto a pressão na barriga.

Mas, eventualmente sou obrigado a renovar minha embalagem e valorizar a imagem. Da última vez comprei também uma camisa verde-oliva de mangas compridas. Caiu bem, apesar de sempre ter evitado a cor, por medo de combinar com minha tez em dias de fígado ruim. Porém, como acontece com o espinafre no Popeye, aquela camisa verde-oliva até que deu uma injeção de vitamina em minha já combalida auto-estima. Nunca pensei que o conteúdo pudesse ficar tão importante só com a troca da capa.

Aconteceu com o livro *"A Civil Action"*, de Jonathan Harr, lançado em 1995 para ser um fracasso de bilheteria antes mesmo de virar filme. Aí a editora decidiu lançar novamente o mesmo miolo com uma capa colorida, diferente da capa anêmica da primeira edição. Foi um sucesso de vendas. Até o início de 1999 tinha vendido um milhão e meio de cópias, chegando a ficar cento e quatorze semanas na lista dos mais vendidos do New York Times. Acabou estrelado por John Travolta no filme que no Brasil teve o nome de *"A Qualquer Preço"*. Graças a uma nova capa.

Assim como aconteceu com o livro, outros produtos também precisam de uma casca que valorize o miolo. Falo da embalagem, este simples invólucro que é hoje um elemento-chave na promoção. Principalmente para produtos vendidos em supermercados, perdidos em labirintos de prateleiras repletas de iguais. Ali a embalagem precisa gritar para quem passa: **"Eu sou melhor, eu lavo mais branco, eu dou mais energia..."**

Empresas que negligenciaram o poder da embalagem já empacotaram. Esqueceram-se de que a embalagem transporta a imagem. "Mas quem paga esse custo?", gritará alguém com visão limitada, de dentro de sua caixa de papelão ondulado. O cliente, se a embalagem transportar segurança, comodidade e conveniência, além da imagem. Nenhum de nós gosta de tomar bolas de sorvete servidas na palma da mão, por isso pagamos pelo copinho.

Mas não é fácil criar uma embalagem. Primeiro é preciso conceituar: o que ela é e o que fará ao produto. Depois, dimensionar, decidir a forma, material, cores, texto, marca. Dependendo do produto, entra o quesito segurança, como naqueles remédios ou produtos de limpeza, cuja tampa nenhum adulto consegue abrir. Só criança. Embalagens confusas podem causar desastres. Uma marca de amendoim precisou ser retirada do mercado por estragar máquinas de moer café. É que a embalagem era idêntica à do café em grãos e os clientes faziam confusão.

Antes de ir para a prateleira, o teste visual da embalagem é importante. Comprei uma caixa de flocos de milho que trazia a imagem de um floco redondo e ampliado, com um desenho de um brilho energético irradiando do centro. De longe o desenho parecia mais uma laranja cortada, comprometendo a mensagem visual que quiseram passar. Outro teste é o da influência da cor no sabor. Numa pesquisa com um mesmo café, servido em xícaras idênticas diante de embalagens de diferentes cores, os clientes acharam o café da embalagem marrom mais forte, e o da branca, mais fraco.

Percebi o quanto a cor da roupa que nos embala pode impressionar quando vesti minha camisa verde-oliva para visitar um cliente. Para ganhar tempo, peguei um atalho por uma estrada que atravessava uma academia militar. Ao me aproximar do posto de guarda, percebi que o soldado me fixava com um interesse incomum. Ao passar por ele lentamente, o jovem empertigou-se todo, juntou os pés num sonoro bate-botas, estufou o peito e travou uma continência daquelas que só general cinco estrelas costuma merecer. Na certa devia estar esperando por alguém desse naipe, embalado num carro igual ao meu. E vestido numa camisa verde-oliva.

Marketing de Conversação

Fechando portas e janelas da comunicação

Meu amigo estava atrapalhado. Perdido no trânsito de São Paulo, desligou o rádio para se concentrar no endereço que procurava. A cada esquina, dezenas de placas, sinais, outdoors e faixas coloridas competiam por sua atenção. Mas só o que ele queria era encontrar uma placa com o nome da rua que procurava. Nada mais. Se ao menos o motorista de trás parasse de buzinar! O suor descia pelo rosto. A ansiedade parava na garganta.

Foram décadas de acúmulo de poluição visual e sonora até chegarmos ao atual estágio de saturação de mensagens na mídia e na cidade. Todas falando ao mesmo tempo, para dizer que é o seu produto que está com a razão. Meu cérebro perdeu a visão periférica. Há muito deixou de processar o ruído para se concentrar no que interessa. Mas, o que é mesmo que interessa?

Assim como o mergulhador não sente o peso de toneladas de água sobre si, por estar imerso nela, nadamos indiferentes às mensagens em um rio de patrocínios. Campanhas publicitárias e campanhas de vacinação têm cada vez mais um efeito comum. Imunizam.

Tudo grita para atrair minha atenção. Eu fico na minha. Não quero ouvir.

Mas quero falar, e ninguém quer escutar. Então a única mensagem que chama minha atenção é a que fomenta o diálogo, com o emissor ou com meus botões. Se não me faz falar, me faz pensar. Concluo que chamar à conversação é o que hoje chama a atenção de quem está disposto a pagar. O resto é ruído. Para quem tem tempo, e não dinheiro para gastar.

Mc Luhan escreveu que *"o meio é a mensagem e a audiência o conteúdo"*. Fica mais claro saber que ele também escreveu que *"o meio é a massagem"*. Mais do que transportar a mensagem, o meio molda. Talvez hoje escrevesse que *"o meio é o silicone"*. Comunicação de massa é a que imprime sua forma nas massas. Nos molda, até aplainar nossa individualidade por um mínimo denominador comum. Ligue a TV e verá que o mínimo prometido não é o cumprido.

Está ficando difícil resgatar a audiência benfazeja que a própria mídia mercadeja pela sincronização dos pensamentos. O que a TV vende? Gente. Homens interessados na cerveja que lembra mulheres. Mulheres interessadas em facas que cortem carne e aparelhos abdominais que cortem gordura. Qualquer perfil serve como audiência vendável, desde que exista uma programação para chamar e prender a atenção.

Prender no sentido de encarcerar. Não de cativar, mas de concentrar todos num mesmo campo. Massificar, de tal modo que destrua a identidade, condição essencial à interatividade que os mesmos meios agora tentam resgatar. Nesse ínterim a Internet surgiu, como meio conversacional de duas vias. E pensaram que fosse a mesma coisa.

Para quem escapa dos fornos de tubos catódicos que cremam a individualidade, mensagem eficaz é a que belisca a atenção para um diálogo que crie interação. Por exemplo, o que está escrito em seu cartão de visita? O blá-blá-blá de sempre ou algo que leve ao diálogo? No de Joe Vitale, um publicitário norte-americano, está: *"Pergunte-me sobre o macaco"*. As pessoas perguntam e ele explica que sua especialidade é atrair a atenção, que leva à conversação.

Não conheço o Joe nem seu macaco, mas a frase tem o poder de instigar o diálogo. Após uma palestra em Salvador, recebi um cartão que trazia, entre predicados como Administrador, Professor e Tradutor, a função "Herói". Foi o "Herói" que chamou minha atenção e iniciou um diálogo.

— Todo profissional precisa ser herói para sobreviver — explicou ele.

Seu cartão foi além de chamar atenção. Convidou ao diálogo.

Já não basta competir pela atenção. É preciso conversar para evitar fechar portas e janelas aos nossos apelos de comunicação. No caso de meu amigo perdido no trânsito, o problema foi a janela. Em meio à confusão de placas, buzinas, apitos e gritos, sua garganta se entupiu dum nervosismo catarral. Olho fixo no semáforo, acionou a manivela do vidro, pigarreou, virou e cuspiu. No vidro, que tinha acabado de fechar.

Marketing de Qualidade

"Fuzzylando" a qualidade total

E m 1965, Lotfi Zadeh publicava seu trabalho exaltando as virtudes da imprecisão. Enquanto Aristóteles se debatia no túmulo, e seus discípulos sete palmos acima, Zadeh inaugurava o fim da intolerância à confusão e lançava as bases da *"fuzzy logic"*, ou *"lógica difusa"*. O cientista mostrava que a vida é bela e possível com suas imperfeições. Que não são imperfeições, mas características de sistemas complexos demais para nossas cartesianas conclusões.

Numa suma leiga, a lógica *fuzzy* mostra que nem sempre é preciso uma solução precisa. É a lógica do deixa-disso, da tolerância científica. Numa compassiva formulação ela enuncia que nem tudo deve ser *preto-no-branco* ou *escreveu-não-leu-o-pau-comeu*. O mundo não vem abaixo se não for oito-ou-oitenta. Ao invés de se basear em números exatos, Lotfi traduziu matematicamente a inexatidão da linguagem. À pergunta do garçom, "Bem ou mal passado?", simplesmente respondeu: "Mais ou menos".

Se o abre-fecha da água na máquina de lavar não precisa da precisão do abre-fecha do trem de pouso de um Boeing, bota lógica *fuzzy* no chip de controle dela. A máquina de lavar não fica com menos qualidade por conta da tolerância. Até a vida funciona com lógica *fuzzy*. Nem sempre as coisas são claras, precisas, exatas. Se fossem, seria uma chatice. Tente viver com alguém que gosta de tudo milimetricamente arrumado, segue normas até para escovar os dentes e tem chiliques com o desvio de simetria do quadro na parede.

Orson Welles escreveu que a Itália, com seus Medicis, assassinatos e corrupção, nos legou Michelangelo. A Suíça, com paz, ordem e um monte de vacas, nos legou o relógio cuco. Entende o que eu digo? Se entender mais ou menos, também está bom. É assim que funciona.

O excesso de normas pode criar um ambiente chato na empresa. Inibe o fluxo de ideias, engessa a criatividade. Alguma tolerância à desordem é o agridoce que dá um sabor exótico à vida, como a que pulula na periferia. Numa colônia, os corais do centro são estáveis, sólidos, lindos. E mortos. É na periferia que ocorre a atividade criadora dos pólipos. São feios — o nome lembra tumor — mas são vivos. A paixão criativa precisa de alguma desordem para explodir. Com você foi assim. Seus pais não se preocuparam em manter os lençóis esticados ou os travesseiros alinhados num padrão *iso-nove-mil*. Esqueceram as regrinhas um-dois-três dos livros de educação sexual escritos por padres. Deixaram rolar, e aí está você. Vivo.

Numa aula de educação sexual vi o "especialista" explicar tecnicamente o coito, enquanto a garotada babava com figuras da genitália. Foi interrompido por um professor, bem no estilo "senta que eu ensino". E ensinou. Que seus pais e avós nunca foram à escola aprender a pôr os pingos nos "is". No entanto, produziram gente a sair pelo ladrão. Falou do amor, do respeito mútuo, da tolerância, da paixão. Menos sexual, mais educação; menos técnica, mais emoção. Falou ao coração, não à razão, pois falou do amor de qualidade, sem *benchmarking* nem análise crítica. Que dispensa controle estatístico de processo, tantos são os desvios-padrão e ações corretivas. Imensurável, imponderável, posto que indescritível. Uma qualidade que é total por natureza. Dá para explicar? Nem precisa, porque não é preciso.

Se viu um pintor de paleta limpa e cores milimetricamente separadas, não viu um artista. É no pincel sujo, na sobreposição das tintas, na confusão de cores, que ele enxerga sua obra. Do aparente caos tira sua criação. Qualidade total? Ouvi falar. Mas qualidade que não permite uma zona de criação, difusa e desequilibrada, seca rápido como gesso. Transforma pessoas em robôs, como no antigo seriado *"Perdidos no Espaço"*. "Não tem registro! Não tem registro", dizia o robô diante do imprevisto.

Minha amiga foi atendida por um robô assim numa butique de shopping. Quando o filho terminou o refrigerante, a mãe quis jogar o copo no lixo. Não podia. O lixo da loja era só para papel. Reciclável, politicamente correto. Copos sujos, só no lixo da praça de alimentação. A cliente devia ir até lá. Criou-se um impasse. Ela não sabia se comprava ali mesmo ou se devia procurar outro lixo. Foi só depois de muita insistência que a vendedora concordou em transgredir a norma de qualidade para o lixo. E, com uma certa má vontade, apertando os lábios, atendeu a cliente antes que a perdesse por causa de um lixo. Pegou o copo da mão do garoto e escondeu-o sob o balcão, num padrão *fuzzy* de qualidade *quase* total.

Marketing de Conhecimento I
Gestação do conhecimento

Houve um tempo em que a força física tinha valor. A força estava no braço. Com a revolução industrial as apostas sorriram para a habilidade técnica. A força estava na ferramenta. Veio a comunicação fácil — *Viva a era da comunicação!* — a informação abundante — *Viva a era da informação!* — e todos ficaram capitalizados intelectualmente — *Viva a era do conhecimento!* Onde estamos agora? Depois do banquete, chegamos à era do arroto.

Estou bem servido, cheio e inchado de informação. Começo a sentir os efeitos colaterais, sinto-me enfastiado. Durmo acordado para pensar em tudo o que penso, e acordo dormindo para fazer tudo o que faço, No fim do dia minha lista só cresceu. Tenho gigabytes de informação no micro, no notebook, no Palm, no celular, na Internet, na revista do banheiro. Aonde quer que eu vá, ela está lá, para um papo só, emoção passageira, nada sério, só verão. Quando vejo, não ficou nada, porque não houve gestação.

Falamos de gestão do conhecimento sem saber como gerir essa gestão, muito menos parir sua gestação. Encantados com a tecnologia e o meio, nem pensamos no fim. Mas conhecimento não é tecnologia e nem informação acumulada que, qual barriga d'água, parece bebê mas não é. A informação e a tecnologia podem ajudar a fazer a gestão, mas não a gestação do conhecimento.

Não são os dados que dão valor ao conhecimento, mas os resultados. O conhecimento é inerente ao humano. Corte o cordão umbilical e o conhecimento já era. O que resta é a placenta, a informação dissociada da criação, intuição e razão, que alguns acalentam como filha, mas não é. É no rebento que está o conhecimento, fluido, como são os humores vitais. Quem corta o casulo da borboleta para economizar ao inseto o esforço hercúleo do parto — "esforço hercúleo" em borboleta?! — não faz favor algum. A pobrezinha acaba aleijada das asas. Ser espremida na saída é o que ativa os humores que regam as asas e as fazem funcionar.

O conhecimento é assim. Está condicionado ao ambiente, às forças que se opõem, a uma conjunção de fatos e fatores que o tornam útil. Não basta abrir a torneira, é preciso sorver, digerir e fazer fluir. Só quando flui é que é bom. Caso contrário não passa de informação.

Daí a importância do ser humano no processo, e do processo ser humano. Conhecimento brota de fontes humanas, alimentadas de nutrientes de fora, de dentro e dentre seu ambiente. Neste sentido a corporação é um organismo vivo, fértil e fertilizador. Há quem pense que comunicar seja desperdiçar segredos, mas apenas eremitas, seguem a escola "Mar Morto" de gestão do conhecimento.

O Mar Morto é morto porque suas águas estão saturadas de sais. A sonora melodia das águas mananciais perde ali o compasso e só saem evaporadas, dispersas e silenciosas, por força de um sol maior, já que não podem dar ré pelo sustenido Jordão. Nenhum desfecho retumbante, nenhum efeito cascata, nenhuma energia gerada ou terras fertilizadas. Águas cativas num banco de dados cristais de sal. O mar é morto porque só recebe, nunca dá.

Gestão do conhecimento não é gestão de estoque de peças de reposição, é gestão da produção de fábricas construídas entre orelhas; fábricas que falam e ouvem, riem e choram, sonham e se apaixonam, criam e deduzem, inferem e intuem. Um tesouro impossível de se armazenar sob o risco de estagnar. E a tecnologia? Oras, serve para bombear esse ouro líquido, ou vira uma sina para quem não a domina. O conhecimento não vale o quanto pesa, mas o quanto flui, e só flui se os vasos forem comunicantes e as cabeças pensantes. Saber onde colocar essas cabeças é vital na gestão do conhecimento.

Saber onde colocar a cabeça era algo que a jovem humilde, atendida pela primeira vez por meu amigo dentista, não sabia fazer. Ao entrar no consultório, recebeu a ordem simples de se reclinar na poltrona e colocar a cabeça sobre o apoio. Quando meu amigo percebeu, ela já estava com o corpo absurdamente transversal e a cabeça sobre a pequena pia de cuspir. Talvez achando que os cabelos seriam lavados antes que os dentes fossem tratados.

Marketing de Conhecimento II

Gestão do conhecimento não é o fim da picada

Conto, se você prometer não rir. Nos livros, criar abelhas era a glória, mas na minha vida real, foi outra história. Cansei de vagar pelo pasto levando uma bacia com água açucarada. A abelha vinha beber, eu marcava suas costas com um pingo de tinta e observava o rumo da decolagem. Cada uma ganhava uma cor e seu tempo de viagem era cronometrado. Foi assim que descobri a direção da colmeia, e se eu estava longe, perto, ou já tinha passado por ela. Você prometeu não rir.

Apicultura não é coletar mel e gestão do conhecimento não é coletar informação. *"Mais de 90% do conhecimento da empresa está na cabeça das pessoas, e mudando o tempo todo"*, afirmou Robert Buckman, que não é nenhum abelhudo em gestão. O que documentamos é só 10% do conhecimento, o chamado conhecimento explícito. O resto é administrar o tácito, a cabeça das operárias. Marcar quem é quem, identificar seus casulos e mapear suas rotas é a tarefa de quem gerencia a densa fluidez do saber. Mapa na mão, fica mais fácil para qualquer um encontrar o mel sempre que precisar. *"Boy que é boy não toma mel, chupa abelha"*.

Encontrei a colmeia num velho e sublocado cupim. Se pensa que é fácil adquirir conhecimento, experimente quebrar um cupim e tirar uma colmeia de dentro. Levei até o livro que ensinava como transferir as abelhas para minha bela caixa de madeira azul, mas nenhuma delas leu. Excesso de fumaça nos olhos? Talvez. Com a habilidade de um rinoceronte, destruí o cupim e os favos, mas não a colmeia. As abelhas que não morreram de rir enxamearam num galho próximo, formando uma bola ali. Protegiam a rainha.

Identificar e proteger as fontes de conhecimento na empresa é uma questão de sobrevivência. Numa época em que os negócios, produtos e mercados não param de mudar, só o conhecimento garante a continuidade das empresas, as quais Sidney Winter descreveu como *"organizações que sabem fazer as coisas"*. Eu, por exemplo, nem imaginava como fazer. Para quem teve a ideia da bacia, o lógico seria esperar que meu próximo arrojo fosse um caldeirão.

Vestido num ridículo escafandro de pano, me aproximei com o enorme caldeirão de alumínio balançando na ponta de uma vara. Com uma mão tentava encestar o enxame, enquanto com a outra sacudia o galho, sem usar luvas para não perder o tato. Planejava colocar a tampa no caldeirão, quando a bola caísse dentro. Ela caiu, mas levou o caldeirão junto para o chão. Não tão rápido como devia, coloquei a tampa com a mão nua, e não demorou para ver meus negócios crescerem, a começar pela mão. Ficou com o dobro do tamanho.

Deixar as operárias tocar as antenas é adoçar a troca de conhecimento. É esta a sacada: a gestão do fluxo das abelhas, não do mel. Só mesmo uma vespa quadrada irá tolher o livre intercâmbio de conhecimento numa empresa. Antes o berro era "Parem de conversar e voltem a trabalhar!". Alan Webber, autor de *"What's So New About the New Economy?"*, agora sugere que seja "Voltem a conversar e não parem de trabalhar!".

Ao contrário do que pensam os zangões, que gostam de resultados rápidos e têm vida curta, é preciso dar tempo para o aprendizado informal. Incentivar a cultura mestre-aprendiz num layout de vasos comunicantes aumenta a portabilidade do conhecimento. Os limites devem ser maleáveis como a cera, que mantém sextavados e unidos os alvéolos dos favos e não permite que o conhecimento escorra pela porta. Dá trabalho? Claro! Ignorar isto pode ser o fim da picada. Pode ser mais cômodo e indolor, porém não evita o reumatismo.

Um ditado que inventei agora diz que aonde a rainha vai, a colmeia vai atrás. Portanto, com a frestinha da entrada da nova moradia azul das abelhas devidamente reduzida para a rainha não fugir, agora só faltava despejar um caldeirão delas na caixa de madeira. Só faltava? Você já tentou despejar um caldeirão de abelhas em um caixote e colocar sobre ele uma tampa de madeira um número menor? É claro que eu ainda tinha a outra mão intacta. Era a minha chance de fazer com que as duas ficassem do mesmo tamanho. Foi o que fiz, e com tamanha presteza, que só escapou uma abelha. A rainha.

Marketing de Independência

Independência e Sorte

G osto de ensinar. É gratificante poder dar algo a alguém. Principalmente conhecimento, que você não subtrai quando divide, mas soma e multiplica. Hoje ensino marketing para universitários, mas já lecionei de tudo um pouco numa escola secundária. Foi há mais de vinte anos, quando era professor voluntário no mais interior dos interiores. Muito além das Gerais dos Inconfidentes.

Eu era um dos quatro únicos professores formados, numa cidade onde o quinto diplomado era um dentista a quem o título de Tiradentes local cabia bem, tantas eram as cavidades daquela descalcificada população. Tamanha era a independência de dentes proclamada pelas bocas locais, que até algumas dentaduras postiças sorriam suas vagas.

Com minha esposa e um casal de jornalistas, éramos os estrangeiros do lugar. Éramos jovens empreendedores e idealistas, segundo o nosso julgar, mas irresponsáveis e inconseqüentes, no julgar de nossos pais. A verdade é que não mediamos esforços nem riscos, e nem ligávamos para as convenções e obrigações. Como organizar aquele desfile do 7 de Setembro, um feriado que só se usássemos de criatividade ficaria devidamente prolongado.

Empreendedorismo rima com idealismo. São coisas parecidas. Talvez você diga que o ideal do empreendedor seja mais mesquinho: obter lucro a qualquer custo. Será? Se o lucro fosse a meta, muitos teriam parado no primeiro milhão. Idealista e empreendedor buscam outra coisa, buscam independência para empreender e sonhar. A meta não passa de um botão que aciona a satisfação.

Independência e sorte é o ideal do empreendedor. Liberdade, ainda que tardia, o empreendimento do idealista. Mas ambos querem desembainhar seu próprio rumo, decidir como trabalhar, o que produzir, quando parar. Parecem buscar uma nova fronteira, mas não é ali que pretendem parar. Para eles, alvo é como balde: quando chegam perto, chutam para mais longe.

Enquanto muitas empresas dizem estimular o funcionário empreendedor, a prática da teoria é outra, mais ao estilo de Frederick Taylor, pai do gerenciamento científico. Ele sugeria que o trabalho cerebral fosse banido do ambiente de produção e deixado para gerentes. Operários não eram pagos para pensar, mas para produzir.

O grito característico desta doutrina é "Lucratividade ou morte", para quem estiver ao alcance da lâmina. No vácuo moral da antiga administração só cabem números para encher o vácuo moral da antiga administração. Pessoas são reles vassalos que existem para servir cegamente a coroa.

Mas há empresas descobrindo que valorizar gente é bom negócio, e não estou falando aqui da valorização do cliente, porque todos já estamos cansados de saber que o cliente está em primeiro lugar. Mas... cá entre nós, está? É claro que não. Os interesses dos acionistas estão em primeiro lugar. Se não acredita, pergunte ao Papai Noel. Na prática, o acionista vem primeiro, depois o cliente. e, por último, o funcionário que a empresa espera que seja empreendedor quando for trazido por uma cegonha.

E se alguém alterar esta ordem? Tirar do trono o acionista e colocar o funcionário lá? Será que ele viraria empreendedor? Sendo valorizado, talvez trabalhe melhor. Com liberdade para criar, pode ousar sem medo de errar. E se trabalhar satisfeito, sua satisfação pode contaminar o cliente. Que dará mais lucro para o acionista, que ri por último e ri melhor.

Esqueça. Acho que estou delirando. Ninguém produz mais se for valorizado, nem fica mais criativo se lhe dão espaço. Uma liberdade assim levaria o funcionário a pensar fora dos limites conhecidos, um verdadeiro desastre e um ultraje para os padrões, normas e convenções estabelecidas. Ou não?

Ultrajante mesmo foi a solução que encontramos para visitar nossos familiares, sem privar a população do feriado e desfile de 7 de Setembro. Marchamos com a fanfarra da escola até nossa Kombi, estrategicamente estacionada numa bifurcação. Dali o desfile seguiu para a direita, e nós seguimos o coração.

Por sorte aquela independência não acabou em morte, para nossas carreiras, quando ouvimos da delegada de ensino um brado mais bravo que o do Ipiranga, avisando aqueles jovens inconseqüentes que seu desejo de viajar os tinha levado longe demais. Afinal, tínhamos conseguido convencer uma cidade inteira a antecipar o 7 de Setembro para o dia quatro. Culpa do desejo de liberdade, ainda que cedo.

Marketing de Preservação

Negócios preservados

O mestre de obras apareceu na porta do escritório, de chapéu apertado nas mãos e lábios preocupados no semblante. Nem sabia como contar para o arquiteto que alguém fazia uma casa dentro da casa que ele fazia. Uma corruíra, passarinho pequeno, marrom e alegre, resolvera se aninhar no buraco do andaime na parede de um dos quartos. O que fazer?

O arquiteto era meu primo. Era um desses primos que a gente sabe que tem, mas só vai conhecer quando precisa de um favor. E foi por precisar de um emprego que o procurei. Até então me sujeitara a dois estágios, não-remunerados nos bastidores de outros escritórios de arquitetura só para respirar a atmosfera de uma profissão que eu pensava conhecer. Nem sabia o que era um cliente, ou que era uma espécie inteligente. Muito menos, que estava sujeita à extinção.

Trabalhar ali foi descer do Olimpo acadêmico, onde eu sorvia ideologia, para o rés do chão, do cliente e do dia-a-dia. Foi minha chance de aprender que, na teoria, a prática é outra, e o contrário também, e ambas as coisas. Porque atender o cliente — eu iria descobrir — é deixar de enxergá-lo como intruso em minha obra. Como a corruíra que, em minha opinião pueril, devia ser despejada sem pena. Mas eu estava ali para aprender, e aquela seria minha lição de preservação.

O arquiteto chamou o pedreiro e deu asas a um plano rápido no ar. O andamento da obra não seria alterado por causa da corruíra, nem sua gravidez interrompida. Terminariam o quarto por último. O quarto da Corruíra, agora com "C" maiúsculo, como passou a ser chamado o lugar. Começava ali uma ação de preservação que transformaria meia dúzia de pedreiros em atendentes da maternidade improvisada no buraco da parede. Uma insanidade, numa época quando ninguém falava em preservar o meio-ambiente, que ainda estava quase inteiro.

O que ontem era estranho, hoje é padrão. Até empresas sem alma se preocupam em preservar. Por motivos racionais, nem ambientais, nem sentimentais. É simples: se não sobrar ambiente, não sobra cliente. Preservar o natural e investir no social é condição essencial para manter a atividade comercial. Sem clientes saudáveis e abonados, os negócios estão condenados, e quem não enxerga isso mata a vaca leiteira.

Consciência sócio-ambiental virou zelo patrimonial, coisa de profissional, sem os chiliques de minha juventude de pretenso intelectual. Quem sabe que deve preservar o mercado leva em conta a necessidade de sobrevivência de todas as espécies, do arquiteto à corruíra, do investidor ao investido, com os pés no chão, sem parar a obra, nem expulsar o passarinho. Adaptação é o que eu precisava aprender, mesmo que fosse a duras penas.

Infelizmente, é inevitável chorarmos a morte de algumas espécies. Eu sinto porque sentimental eu sou, mas não sou demais. Sentimentalismo barato põe tudo a perder, como vi uma turista fazer, ao tentar ajudar tartaruguinhas recém-nascidas em sua corrida rumo ao mar. Sua intervenção atrasou a maratona, atraiu as gaivotas, e a ninhada toda virou jantar.

Assim também, preservar dinossauros em uma economia combalida seria uma catástrofe cinematográfica. Tudo mudou e não há mais lugar para lagartixas de vinte toneladas. Sejam elas empresas, estratégias ou profissionais como você e eu.

Incluo-me entre os dinossauros. *Personasaurus Rex*. Enxergo-me como lixo, na minha idade, mas reciclado, e pronto para nova utilidade. Só não posso parar de voar, ou descobrem minha idade. Se não me reciclar e reinventar, algum garoto mais dedicado e turbinado me põe na rua, e aí o jeito é esperar o caminhão passar, já que não quis me adaptar. Não importa quantos anos eu tenha de janela; se esta permanecer fechada, não vou conseguir voar.

Para que pudesse voar, a Corruíra tinha a janela de seu quarto sempre aberta. As paredes estavam rebocadas, exceto por uma pequena área ao redor do buraco de onde pendiam algumas palhas. Os que construíam com tijolos e cimento tinham se preocupado em adaptar seu ritmo àquela que chocava seus rebentos.

Enquanto isso, eu aprendia o respeito do mais forte pela necessidade do mais fraco. Longe das páginas dos jornais e das reportagens especiais, alguém fazia uma diferença naquilo que podia fazer. Até o dia quando as três bolinhas de plumas conseguirem voar pela janela, guiadas pelo trinado da orgulhosa mãe, e então o buraco foi fechado. A obra estava terminada.

Marketing de Perseverança
Nenhuma ponte é longe demais

Uma ponte. Era isso que John Roebling tinha em mente. Um caminho que ligasse a ilha de Manhattan ao Brooklyn, em Nova Iorque. Corria o ano de 1863 e os especialistas eram unânimes em afirmar que aquela seria "a ponte impossível". Roebling acreditava que aquela seria "a ponte milagrosa". Só ele sabia como chegar lá.

John comunicou sua visão ao filho, Washington Roebling, que dava seus primeiros passos na engenharia. A mesma visão que movia o pai se transformou na paixão que levaria o filho a suportar as piores dificuldades. *"Pior do que ser cego é não ter uma visão"*, escreveu Helen Keller, cega, surda e muda desde a infância. Ela é uma das cem pessoas que, segundo a revista Time, tiveram maior influência na sociedade no último século.

Segundo Chris Widener, *"Visão é o espetacular que nos motiva a viver o trivial"*. Você não será um líder bemsucedido se achar que "Visão" é um quadro na parede que todos podem ler, mas que ninguém consegue ver. Visão não é fórmula para ser decorada. É a centelha que desperta a paixão e produz o empenho para que cada um cumpra sua missão.

John Roebling morreu de tétano após um acidente no início das obras. A ponte cobrou seu preço também do filho Washington, que ficou mudo e paralítico por causa de uma descompressão após visitar as câmaras submersas onde eram escavadas as fundações. A equipe ficou sem rumo. Todos podiam ver o outro lado do rio Hudson, mas ninguém sabia como chegar lá.

Se você acha que não existe nada mais destrutivo para uma empresa do que a incapacidade de se comunicar com o mercado, é bom ampliar essa ideia. A moeda da comunicação também tem duas faces. Uma falha na comunicação interna e sua ponte cai. Você fica isolado.

Fred Smith, fundador da FedEx, disse que aprendeu liderança com um sargento, quando estava no Vietnã. Ele dizia, *"Se quiser liderar suas tropas, lembre-se de fazer três coisas: Atirar, avançar e comunicar".*

Movendo apenas um dedo, em virtude da lesão no cérebro, Washington desenvolveu um código para se comunicar com a esposa. Nos treze anos que se seguiram, sua mulher Emily supervisionou as obras, guiada por sua tenacidade e pelas instruções do marido que eram dedilhadas em código em seu braço. A verdadeira comunicação não pára. "Na alegria e na tristeza, na saúde e na doença".

Uma visão não é apenas comunicada, mas deve ter o poder de comunicar. Deve atrair, motivar a busca pelo melhor caminho para a viagem, e ser sedutora para que ninguém se distraia com a paisagem. Direção, estratégia e prioridade. O verdadeiro líder facilita isso conhecendo as limitações de sua equipe e ajudando cada um a enxergar o destino. Assim, todos seguem na mesma direção, concordam com o caminho e permanecem motivados. Como faziam os pastores de ovelhas na Escócia.

Viajando de carro por uma região rural naquele país, fiquei intrigado com o traçado da estrada. Ladeada por muros baixos de pedra que protegiam os pastos, a estrada seguia em linha reta por um ou dois quilômetros, fazia uma curva fechada para a direita ou para a esquerda por alguns metros, para retomar a direção original em linha reta por mais um ou dois quilômetros, antes de uma próxima curva. Numa região plana, sem morros, rios ou árvores, viajei por retas e curvas que não desviavam de coisa alguma.

Entender aquele ziguezague foi uma das mais importantes lições de liderança que aprendi. A estrada havia sido construída sobre um antigo caminho, uma rota de viagem dos rebanhos. Ao contrário do vaqueiro, que vai atrás tocando o gado no berro, o pastor vai à frente, seguido de bom grado pelas ovelhas. Ou caminhando sozinho, se não for um bom líder ou não entender seu rebanho.

Ovelhas são como os humanos, têm uma personalidade complexa. Para liderá-las, o pastor precisa conhecer seu comportamento. Para motivá-las, deve entender suas limitações, contornando-as para que não desistam. Quando não enxergam o fim da estrada, acham que o destino está longe demais e param na primeira sombra. Mas, se vêem o fim do caminho, seguem trotando, animadas. Os pastores que construíram aquela estrada sabiam disso. Criaram curvas para que as ovelhas sempre enxergassem o fim do caminho. Que nunca era longe demais.

Marketing de Solidariedade

O Diário de Kaycee Nicole

Prepare o seu lenço. Isto irá mexer com seus sentimentos. Trata-se da história de Kaycee Nicole. Numa espécie de versão high-tech de Anne Frank, centenas de pessoas puderam acompanhar, pela Internet, o diário da jovem em sua luta contra a leucemia.

Tudo começou com uma página na Web, até um rapaz de Hong Kong, sensibilizado por ser um órfão do câncer, se oferecer para criar e hospedar o weblog *"Living Colours"*. Um weblog, ou apenas blog, é a página criada por um *blogger*, sistema para criar sites pessoais com o formato de diário e de publicações espontâneas.

Para o mundo todo Kaycee contava o seu drama, e do mundo todo recebia mensagens solidárias. Através de seu blog uma comunidade de amigos virtuais acompanhava até os detalhes de seu tratamento. Mas, quando a jovem parecia estar vencendo a luta contra a doença, apareceu no *"Living Colours"*, uma mensagem escrita por Debbie, sua mãe:

"Querida Kaycee: 'Living Colours' irá iluminar nossos dias pelo resto de nossas vidas. Obrigada pelo amor, pela ale-

gria, pelo riso e pelas lágrimas. Iremos amar você sempre e eternamente."

A nota terminava avisando do falecimento de Kaycee Nicole no dia 14 de Maio de 2001, aos dezenove anos de idade.

A Internet tem permitido movimentos de solidariedade como o que cercou Kaycee Nicole de carinho. Ou o que eu próprio testemunhei em 1998, quando publiquei, num site pessoal em inglês, a história de um acidente de trem na Alemanha. Três dias depois, recebi um email de um cadete de West Point, que dizia:

"Sou amigo de (...), a única americana envolvida no acidente de trem. Ela foi levada a um hospital perto de Hanover. Talvez você saiba quais são os hospitais existentes naquela área. Ela sofreu uma hemorragia grave e quebrou o pescoço, e está em estado grave. Já tentei descobrir onde está. Ficarei grato por qualquer ajuda que puder dar."

Peguei um mapa da Alemanha e comecei a procurar na Internet por hospitais nas cidades próximas ao local do acidente. Enviei uns trinta emails para hospitais e clínicas pedindo ajuda para localizar a americana.

Ainda tenho as mais de quinze respostas que recebi. Médicos e funcionários dos hospitais se mobilizaram até descobrir o paradeiro da americana. Um deles conseguiu ligar para ela e outro foi visitá-la no hospital. Passei o número do telefone para o rapaz nos Estados Unidos, que falou com sua amiga e foi tranqüilizado. Ela não ficaria paralítica.

O poder de mobilização que a Internet permite é fantástico, e chega a ser assustador. Porque nem sempre podemos ter certeza da existência das pessoas, empresas ou eventos virtualizados. Ainda seremos enganados por uma versão Web de *"Guerra dos Mundos"*, a ficção H. G. Wells que Orson Welles levou ao ar em seu programa de rádio em 1938. Dramatizada como uma invasão real de marcianos, deixou em pânico mais de um milhão de ouvintes.

Um efeito parecido aconteceu com você ao ler a história de Kaycee Nicole. Pode enxugar as lágrimas e guardar o lenço, pois Kaycee nunca existiu. Era apenas uma amiga imaginária, criada pela filha de Debbie em um site no *Geocities*. A mãe, uma poetisa sem público, gostou da ideia e acabou inventando a história da leucemia. Usando fotos de uma vizinha, Debbie deu um rosto a Kaycee e iludiu muita gente.

Com sua farsa, Debbie garantiu um público cativo para seu blog de poesias e devaneios. A lista de inocentes úteis inclui até o jornal New York Times, que chegou a publicar a opinião de Kaycee em uma matéria sobre estudantes e o uso da Internet. Mas, depois que Debbie "matou" Kaycee de leucemia, a própria comunidade virtual acabou descobrindo a mentira, que daria uma boa manchete para a imprensa marrom. Algo do tipo, **"Mãe mata jovem concebida pela filha"**.

Marketing Editorial

O fim do livro

Enquanto a tecnologia vai se intrometendo em todos os cantos de nossa vida, alguns já começam a prefaciar que o livro, como o conhecemos, logo será uma página virada. Terá cumprido seu papel, mas será incapaz de poder resistir aos meios eletrônicos de edição, armazenagem e leitura da informação.

No passado, a publicação de um livro dava o maior rolo. Para ler era preciso desenrolar a pele de cabra, toda tatuada de caracteres. Eram livros que não tinham índice, pois não passavam da página um, e cuja produção era caríssima. O trabalho duro ficava com os autores e escribas. Os editores só enrolavam.

Alguns capítulos depois, os chineses e japoneses do sexto século inventaram a imprensa. Mas não a assessoria de imprensa, pois se a tivessem inventado, teriam evitado que a fama pela descoberta ficasse com Gutenberg, quando nove séculos mais tarde imprimiu 180 exemplares da Bíblia.

Antes dele, uma Bíblia levava dez meses para ser copiada à mão, um trabalho com um custo de quatrocentos mil dólares o exemplar ao custo atual. Obviamente, um dinheiro difícil de se ganhar, antes de inventarem a América. A tecnologia reduziu o custo, popularizou o acesso à informação, e ajudou a abalar a estrutura de poder. Victor Hugo, em *"Notre Dame de Paris"*, história contemporânea à invenção da imprensa, descreve o sacerdote Claude Frollo apontando para um livro e, em seguida, para as torres da catedral. E sentenciando: *"Isto matará aquilo."*

Roma foi a primeira a tentar preservar a ignorância a qualquer custo, pelo menos fora dos contrafortes de seus mosteiros. Muito antes de pensar em lutar pelos sem-terra, a Igreja de Roma engajou-se na luta pelos sem-livro e sem-Bíblia. Para que permanecessem assim.

O livro era um perigo, transportava ideias como estopim aceso, o que era um problema para quem detinha o poder. Políticos inflamavam multidões. Músicos popularizavam suas canções, cientistas multiplicavam descobertas e comunistas transformavam o livro em descartável. A cada celebridade que caía em desgraça no partido, os livros escolares eram reimpressos com nomes a menos para as crianças decorarem.

Com o computador e a Internet, a própria leitura mudou. Uma nova geração de leitores aprendeu a ler na tela, a uma velocidade maior que a dos mais versados mestres educados no papel. O hipertexto inaugurou a leitura não-linear, paralela, reversa e imprevisível. O ler ficou mais parecido com o pensar. Os olhos passaram a fazer a sinapse prévia da informação usando neurônios alheios. Uma geração insensível a qualquer tato romântico para com o papel, já começa a substituir os moribundos amantes de alfarrábios como eu, sem sequer saber o que significa alfarrábio.

Mas a revolução não está na troca do papel pelo plástico, ou da tinta pelas partículas polarizadas do papel eletrônico. A revolução está nas entrelinhas. No passado o livro não era um produto, mas um meio de se divulgar ideias. Governos e instituições subsidiavam seu custo para cumprir seus objetivos. A Bíblia inglesa *"King James"* leva até hoje o nome do rei que a patrocinou, e ainda é assim. Governos e instituições subsidiam o papel, as gráficas, os autores e editoras. Quem quer ver a informação circular paga mais. Quem quer ler paga menos. Ou não paga nada.

Este modelo permanecerá, não importa qual seja a plataforma que transporte as letras, e ganhará novos mecenas em causa própria, graças ao custo zero de reprodução que a Internet permitiu. Uma multidão de novos talentos, gerados pela leitura não-linear e alimentados pelo hipertexto; revolucionários, para os quais o que vale é publicar e influenciar. Milhões de Mao Tse-tung, cada um acreditando que o seu livrinho é o vermelho.

Mas o epílogo, sem direito a errata, pode vir para o livro convencional, um produto cada vez menos comprado e mais copiado por uma geração acostumada a sorver informação grátis na rede. Como já acontece com a música, e acontecerá com o cinema, o cenário não é dos melhores para a indústria do livro, que já desistiu de vender enciclopédia na porta de quem consegue mais informação clicando nas janelas.

Tudo deve mudar muito rápido e não consigo enxergar muitas páginas de perspectiva para o negócio do livro como o conhecemos hoje. Não existe um manuscrito certo do modelo de mercado que deve prevalecer, ou das estratégias que serão usadas para proteger o texto. Das que já vi — vendas de capítulos parcelados "à la Stephen King", criptografia de textos, travas e cadeados mil — nenhuma me convenceu. Por isso, não me pergunte como o livro irá terminar. Não vou contar. Detesto pessoas que contam o fim do livro.

Marketing de Relacionamento

Os nós do marketing alternativo

H á um bom tempo não atualizo meus micros. Estou vacinado contra a pressão da atualização. Já tive de tudo em casa. Meus primeiros micros tinham tão pouca capacidade que mereciam ser chamados de micros. Naquela época os arquivos eram salvos em fita cassete e recuperados com sorte.

Antes dos Pentium, tive MSX, Apple, PC XT, 386 e 486 desfilando em minha mesa. Sempre pedindo mais memória, maior capacidade de disco, maior velocidade de modem e o mais recente software, que, por sua vez, pedia mais de tudo isso, em um círculo vicioso.

Minha última aquisição foi a Internet a cabo, um sistema tão inteligente que, ao perceber que eu precisaria de isolamento para escrever este capítulo, interrompeu minha comunicação com o mundo exterior. Está há horas fora do ar.

Tem suas vantagens. Evita que eu veja os banners oferecendo máquinas de última geração, com trocentos megahertz e um *quaquilhão* de gigabytes. Ofertas que minha memória volátil irá esquecer em um nanosegundo, se não apelarem para fórmulas mais criativas de marketing.

Sim, há novas fórmulas, que são antiqüíssimas, já que trabalham com os ancestrais ingredientes do relacionamento humano. Elas existem antes de Charlton Heston interpretar Moisés e são mais futuristas do que sua atuação como astronauta no primeiro Planeta dos Macacos.

O marketing tradicional segue a fórmula hollywodiana de propaganda maciça na TV antes do lançamento do filme. Em seguida vêm os anúncios grandes, médios e pequenos, nesta ordem e à medida que o tempo passa. Enquanto isso artistas dão entrevistas, garantindo que o filme será maravilhoso, está fantástico e foi incrível. Agora jaz nas locadoras.

Uma campanha assim consome milhões de dólares, deixando fora do mercado quem tem só uma ideia na cabeça e uma câmera na mão. De vez em quando aparecem os criadores de uma *"Bruxa de Blair"* para provar que existe mais de uma maneira de se fazer marketing, e conseguem fazer um filme de cinqüenta mil dólares faturar duzentos milhões usando a Internet e pessoas como meio de divulgação.

Nada de propaganda em TV, jornais ou entrevistas com estrelas, mesmo porque as estrelas do filme foram dadas como desaparecidas. Os produtores do filme começaram contratando uns cem estudantes para distribuir panfletos sobre outros três estudantes. Os perdidos do filme.

Mais informações sobre o desaparecimento? Era só acessar o site na Internet. Ali, no mais puro estilo imprensa-marrom, anunciavam que três estudantes desapareceram quando tentavam filmar uma bruxa. Só acharam a fita de vídeo, que em breve estaria nos cinemas.

Foi o suficiente para gerar o boca-a-boca e mais de 115 milhões de visitas ao site, levadas por emails de amigos, sites de relacionamentos ou listas de discussão. Expectativa, impacto, inquietação, boatos. Faltava gerar escassez para aumentar o valor e o desejo. Foi o que fizeram, limitando a vinte e sete o número de cinemas na estréia, o suficiente para criar filas e atrair a imprensa.

A fórmula funcionou por explorar novas formas de relacionamento social. Hoje a Internet traz de volta ao cinema mais gente que *"E o Vento Levou"*. Isto se conseguir explorar a cadeia infinitamente maior de relacionamentos que as pessoas têm nas salas onde buscam por projeção virtual. Neste recinto, o conselho pessoal ganha em exibição, enquanto as mentes vão fechando as portas à propaganda convencional.

Esta semana recebi um email numa linguagem tão pessoal que quase acreditei que viesse de um amigo. O sujeito falava das dificuldades que teve ao usar um serviço de Internet que também utilizo, e decidiu fornecer o mesmo serviço para os amigos. Apesar de artificial no conteúdo, a mensagem era eficiente na forma. Apelava para o pessoal.

As mudanças atingem o trabalho. Enquanto as empresas trocam seus quadros internos por colaboradores externos, a cadeia de fornecedores de produtos e serviços fica tão pulverizada que já não pode arcar com os custos de um marketing convencional. São profissionais e empresas incapazes de divulgar suas marcas nos moldes tradicionais.

Para estes cai como uma luva a fórmula do relacionamento pessoal, que em inglês se chama *networking*, um sistema informal onde pessoas com interesses comuns se ajudam, trocam informações e fomentam relações profissionais. A coisa toda funciona como a velha e conhecida rede de pescar, uma estrutura de aparência frágil, cheia de furos, mas que pega grandes peixes graças aos seus pequenos nós. Nós criados por nós.

Marketing Político
Palanque Profissional

No minúsculo povoado pouca gente sabia que o governador acabara de chegar. Época de eleição, o prefeito não ia deixar a oportunidade escapar. Improvisou uma comitiva e arrastou o dignitário para a praça. Praça é modo de dizer. Uma ilha de mato cercada de ruas de terra por todos os lados.

Um caminhão estacionado ganhou seus quinze minutos de fama ao virar palanque. Enquanto mãos generosas ajudavam a alçar quase cem quilos de governador até a carroceria, meninos descalços, seguidos por seus cães, saíam correndo chamar a elite latifundiária. Que, naquela hora da manhã, se debruçava sobre as mesas de sinuca nos bares das poucas esquinas.

Para alegria dos carrapichos, logo as barras das calças e vestidos chegaram para acariciar o mato da praça. Mas a alegria dos carrapichos durou pouco, pois o prefeito parecia querer testar a suspensão do caminhão. Quem era importante tinha de estar no palanque. Quem não era, ficava importante na hora. Simples assim. Agricultor virava fazendeiro e costureira empresária. Valorizar o eleitorado garantia votos.

Políticos sabem fazer marketing. Sabem falar, sabem criar redes de relacionamento, encantar parceiros e influenciar influenciadores. Podemos aprender com eles, se soubermos identificar o que é técnica e o que não passa daquela baba demagógica com a qual alguns costumam molhar a gravata.

O discurso relâmpago, por exemplo, é algo que você pode usar. Um mero "Será que chove?" escutado no elevador pode abrir caminho para um script do tipo "Se chover não vou poder entregar o notebook que meu cliente encomendou". "Você vende notebook...?" Desça no mesmo andar de quem perguntou.

Enquanto políticos gastam milhões com papel, você pode criar seu próprio jornal na Internet e promover seu nome, atividade, empresa ou produto, sem gastar. É só criar um site, blog e boletins enviados por email a assinantes. De graça, é claro, a menos que você escreva mal. Aí, de graça é caro.

Ainda que comece com meia dúzia de assinantes, pode chegar a dez mil, o total de assinantes da newsletter que publico. Com direito a retransmissão, porque os leitores viram seus aliados quando enviam o boletim aos amigos. Eu os incentivo com uma mensagem no início: "Informação livre. Copie, imprima, distribua, envie por email, carta, fax, rádio, TV ou pombo correio."

É possível que sites, jornais e revistas acabem publicando seus artigos. Alguns publicam até as crônicas, que publico em meu blog *Mario Persona CAFE*, imagine você! Foi assim que ganhei espaço em mais de uma centena de veículos. Mas isto não funciona para textos publicitários. É preciso compartilhar conhecimento, como faço em minhas crônicas, ou melhor do que faço em minhas crônicas. A publicidade fica por conta de seu nome atrelado ao que escreve.

Palestras e eventos são excelentes para seu marketing pessoal. Além do *networking* e troca de cartões nos intervalos, o espaço para perguntas forma um palanque à parte. Formule uma pergunta inteligente, peça o microfone, respire fundo e anuncie, com voz clara e muito charme, o seu nome e empresa. Não se esqueça de fazer a pergunta.

Como palestrante, posso garantir que perguntas não incomodam. Até ajudam o palestrante, principalmente se você perguntar quais serviços ele presta e como contratá-los. Mas evite a todo custo criar polêmica ou desmoralizar o palestrante, principalmente se ele for eu.

Tenha sua marca pessoal. Pode ser um sotaque, como o meu, que era caipira, mas agora é country. O modo de vestir, a gravata ou a falta dela, ou uma caneta diferenciada ajudam. Um publicitário que detestava gravatas foi obrigado a usá-las. Como não falaram nada sobre o nó, visitava os clientes com a gravata só pendurada no pescoço. Virou sua marca pessoal. Era dele que os clientes se lembravam quando pediam uma visita.

À medida que seu círculo de relacionamentos for crescendo será importante fazer aos outros o que gostaria que fizessem a você. Por exemplo, indicá-los para trabalhos, divulgar seus nomes, valorizá-los como profissionais. E se foi com a ajuda deles que você chegou ao palanque profissional que hoje ocupa, convide-os a subir.

Mas não exagere, como fez aquele prefeito. Em seu afã de colocar cada habitante do vilarejo no caminhão-palanque, acabou deixando o governador com torcicolo, o qual precisou discursar, olhando por cima dos ombros, para uma carroceria apinhada de gente. Na praça só ficaram os meninos e os cães. Além dos carrapichos.

Marketing de Reciclagem

Por quem os sinos dobram?

John Donne, poeta e escritor inglês, viveu entre 1572 e 1631. Dentre suas obras, creio que nenhuma seja mais conhecida que a *"Meditação XVII"*, escrita em 1624. E desta, uma porção no final do texto:

> *"Não perguntes por quem os sinos dobram;*
> *eles dobram por Ti".*

Como ler meus artigos também é cultura, acrescento que a frase já serviu de título para um romance escrito em 1939 por Ernest Hemingway sobre a guerra civil espanhola, e um filme com a mesma história, estrelado por Gary Cooper e Ingrid Bergman.

Os sinos tinham um papel importante na sociedade em que John Donne viveu. Eram eles que anunciavam os eventos importantes da comunidade. Notícias de paz e guerra, de alegria e dor, de vitórias e derrotas. Tocavam proclamando a vida e a morte de uma pessoa, em badaladas que denunciavam o número dos anos de sua vida. Um relógio e calendário de vivos e mortos.

Em nossa sociedade tecnológica, poluída por badalos multimídia, há muito que os sinos perderam o seu papel original de arautos da comunidade. O rádio, a TV, o telefone e a Internet informam, indo muito além de onde as ondas sonoras podem alcançar. E o relógio, mais leve, barato e preciso que os antigos mecanismos de bronze, é hoje algema acessível a qualquer habitante do planeta. Mas, mesmo assim, os sinos ainda podem ser ouvidos em alguns lugares do mundo. E um desses lugares fica justamente perto de casa.

Uma alta torre de concreto, coroada por um mecanismo que aciona um conjunto de sinos de vários tamanhos, ajuda a acordar a população pontualmente às seis horas da manhã, seja sábado, domingo ou feriado. Mesmo aqueles que não querem ser acordados.

Em uma situação assim, acredito que mesmo que os fiéis venham a reclamar em alto e bom som, a única forma de se justificar o investimento seja continuar tocando o sino. Porque, se parar, outros podem exigir explicações. Se fosse um empreendimento normal, uma vez amortizado o investimento, o sistema poderia ser desativado sem maiores explicações. Mas nem faço ideia de como alguém calcularia a amortização de um investimento em sinos.

Tive um problema semelhante com o relógio cuco que comprei nos Estados Unidos por cem dólares. Se o tique-taque embalava as sestas das tardes de domingo, minha alegria nunca durava mais do que uma hora. Lá vinha o passarinho para lembrar que há torturas pelas quais pagamos caro. Precisamente cem dólares. Hoje o cuco permanece silente, recolhido ao seu lar de pêndulo estático, menos relógio, e mais ornamento. Enquanto isso eu durmo mais sossegado.

Sem ter problemas com sinos ou cucos, há muitas empresas amarrando o pescoço na corda do campanário quando vacilam em adotar novas tecnologias. E o fazem pelo mesmo motivo que me fez perder o sono por tanto tempo: encontrar uma forma de justificar o investimento feito em velhas tecnologias. Não foram poucas as empresas que investiram pesado em sistemas de EDI *(Electronic Data Interchange)* e não querem transformar em sucata algo que nem acabaram de pagar.

Isto é ótimo. Pelo menos para os novos competidores, que não precisam dar um carrilhão de explicações a seus investidores da razão de terem adotado sistemas arcaicos. Não que o EDI esteja acabado. Vida longa ao rei. Mas em muitos casos até a monarquia pode ser substituída, com vantagens, por sistemas que, embora nobres, sejam menos elitistas, mais versáteis e econômicos. Além de acessíveis a qualquer plebeu, por rodarem em plataforma Web.

O problema de se arranjar justificativas para os investimentos aconteceu na transição dos mainframes para os micros pessoais e levou muita gente a acordar tarde. Não apenas usuários, mas também fabricantes como a IBM. Foi sua inércia que abriu a brecha que uma Apple de garagem precisava para abalar um mercado tido como hermético. E é a inércia de muitas empresas, penduradas em investimentos saudosistas, que está abrindo novas oportunidades de negócios para quem é mais ágil.

O que não deixa de ser benéfico para o mercado. É a brecha necessária para minar o alicerce das velhas torres de cartéis e monopólios, e aposentar de vez sistemas e empresários igualmente ineficientes. Para aqueles que persistirem em badalar suas próprias decisões, tomadas na idade média da tecnologia da informação, permanecerá retinindo na memória a advertência de John Donne:

"Não perguntes por quem os sinos dobram;
eles dobram por Ti".

Marketing de Mudança

Pra que mudar, mudar pra quê?

No mercado norte-americano do século dezenove, fabricar velas era um bom negócio. A demanda estava aquecida, mas tinha pavio curto. Logo Thomas Edison daria à luz uma vela cujo pavio não apagava com o vento. Tão revolucionária que tiraria da vela tradicional a sua fatia do mercado de iluminação. Esta acabaria sem a fatia, mas com o bolo. Só que de aniversário.

A indústria de velas viu seu lucro virar fumaça. Nem a ver navios ficou, já que o vapor tinha aposentado aquelas velas também. O próprio vapor já começava a se desvanecer, levado pelo vento dos motores a óleo e gasolina que passavam a mover navios e trens. Ou automóveis, com potência calculada em cavalos-vapor, ambos defuntos na evolução tecnológica, e pistões impulsionados por... velas!

Parece confuso? Mudanças são assim. Parodiando um autor desconhecido, "o progresso caminha de funeral em funeral". Ou de velório em velório, para combinar com o assunto.

Negócios acostumados com um sucesso linear são presa fácil das mudanças. Repousam sobre os resultados do aqui e agora, sem se importar com o ali e depois. Não percebem que quando o Sol se apagar ainda teremos oito minutos de praia, o tempo que a luz leva para viajar à Terra. Enquanto se bronzeiam num mercado em ebulição, alguém está inventando a lâmpada que selará sua extinção e apagará a velinha de seu último aniversário.

Lucro não é salvaguarda. De tanta prata, o vidro transparente da janela que permitia enxergar o mercado acaba virando espelho. Aí Narciso se esbalda com o reflexo de sua própria competência. Geralmente começa com uma direção embasbacada e contamina a produção. Quem irá dizer ao chefe que é preciso mudar? Todos preferem continuar fazendo pós-graduação em bajulação.

Há quem pense que mudar é comprar. Por isso, quando as coisas vão mal, compram, fundem e incorporam, mesmo correndo o risco de uma obesidade mórbida, o peso que tem seu preço, geralmente pesado. Números que repentinamente duplicam, triplicam e quadruplicam podem impressionar investidores desavisados, mas em alguns casos não passam da visita da saúde. Os últimos estertores do moribundo.

Mudar também não é pular de estratégia em estratégia, sem paciência para esperar o galho parar de balançar. Isso gera confusão na cabeça da equipe, que vê cada nova direção como faz-de-conta. Desmotiva quem produz e desmoraliza quem conduz. Mudar é preciso. Vivemos numa época que não é só de qualidade contínua, mas de mudança contínua. Só que mudar por mudar é demolir sem construir. A diferença entre mudar para o fracasso ou sucesso fica por conta da criatividade.

De exemplos de mudança com criatividade o mercado está cheio. Empresas que mudaram radicalmente, mas nem tanto quanto aquele treinador que prometeu fazer seu time dar uma guinada de 360 graus, o que o colocaria no mesmo lugar. Em 1906 a *Minnesota Mining and Manufacturing* começava a partir de uma mineração falida, da qual só restavam resíduos de minério em pó. Alguém resolveu grudar aquele pó em folhas de papel e vender como lixa. Do pó renascia uma Fênix dos tempos modernos, transformando-se na gigante 3M, que incorporou uma cultura de inovação constante.

Às vezes a solução pode vir de um incidente com prejuízo aparente, como o causado por um operário da fábrica de velas que deixou sua máquina ligada ao sair almoçar. A matéria prima para sabão, um novo produto para compensar o apagão das velas, virou uma massa cheia de bolhas de ar. Se ainda fosse para fabricar velas, teriam inventado a velinha de bolo que já vem com sopro. Mas como era para sabão, decidiram não desperdiçar a produção. Sucesso absoluto.

No século dezenove, quando o rio ainda era o tanque de lavar roupa e a banheira de muita gente, o sabão — que sabidamente é liso como tal — podia ser considerado perdido se escapasse da mão. Sem querer, aquele operário acabara de inventar o sabão que boiava, graças à massa areada. O rio inteiro virou saboneteira. O *"Ivory Soap"* foi um sucesso tão grande que desbancou a decadente vela da linha de produtos da empresa fundada em 1837 por James Gamble e Harley Procter. A *Procter and Gamble* aprendia a importância de mudar e inovar.

Marketing de Competência
Queimados pelos clientes descontentes

A enxaqueca do Oswaldo já estava de trincar os dentes. O enrugado da testa escorria sobre um par de olhos apoiados em olheiras que pediam sutiã. Sugeri uma visita à japonesa do restaurante natural. Ela entendia de acupuntura — pensava eu — e saberia espetar a dor. Meu amigo concordou com um gemido.

Já pensou em quantos clientes chegam até você por indicação? O número é maior ou menor do que os que, por indicação, nunca vêm a você? Você nunca saberá, não é mesmo? Indiquei as agulhas para o Oswaldo embora não tivesse nenhuma certeza da destreza da japonesa. Depois ele acabaria contando a outros daquela aula de costura e pirogravura. Para que não fossem lá.

Na sala cheirando a incenso descobri que a "especialista" acabara de voltar de um curso de acupuntura. Primeiro e único. Um intensivo de meio período sobre técnicas de acupuntura, *do-in*, *shiatsu* e *mocha*, esta última com uma brasa à guisa de agulha. Comecei a achar que minha amizade com o Oswaldo estava prestes a acabar em fumaça.

Começamos pela acupuntura. Ela esterilizou as agulhas que nunca tinham sido usadas. Nem as agulhas, nem o material, nem os livros, que colocou ao lado do tatame onde Oswaldo jazia sem anestesia. Seria o primeiro encontro das agulhas com carne de verdade, depois de alguns exercícios espetando chuchus.

Logo a mão de Oswaldo estava coberta de agulhas e filetes de sangue. Aquilo não devia estar do lado de fora, pensei comigo. Se a dor de cabeça não passava, a da mão apenas começava. Mas a mulher não ia perder seu primeiro cliente assim. Ia perdê-lo com mais requinte e tecnologia. Decidiu aumentar a energia das agulhas. Literalmente.

Uma das engenhocas que trouxera do curso aplicava micro-choques sobre a pele, uma espécie de acupuntura elétrica. O manual mandava aplicar sobre a pele. Ela achou que se aplicado nas agulhas espetadas na pele isso levaria a corrente mais fundo e faria um efeito mais rápido. E fez. Os próximos dez minutos foram gastos procurando as agulhas que a mão do Oswaldo involuntariamente arremessou para todos os lados. Chocante.

Pior do que encontrar um principiante no negócio, é ser cobaia de quem não se preparou para a profissão. É claro que qualquer profissional ou empresa vai estar sempre iniciando novas práticas, oferecendo novos produtos ou prestando novos serviços. Mas isso não significa transformar o primeiro cliente em têmpora de roleta russa. É preciso ter consciência das conseqüencias, que podem acabar estendendo à própria marca o dano causado no cliente.

A maioria das empresas se ocupa demais em ganhar clientes, e de menos em mantê-los. Por isso, de dez a trinta por cento dos clientes de uma empresa normal sai por seu ladrão anual. Conquistar um novo cliente custa, no mínimo, cinco vezes mais do que mantê-lo, e chega a ser cem vezes mais caro recuperar quem saiu queimado com o atendimento. Quem não tem essa visão acaba fazendo a coisa no tapa, como aconteceu com o Oswaldo.

A dor de cabeça não diminuiu, mas Oswaldo agora achava que aquilo não era nada comparado com o que estava sentindo na mão. Só que a mulher insistia. Melhor que acupuntura, só mocha. Acendeu um enroladinho de folhas secas de artemísia e pediu para eu ficar soprando a brasa, enquanto ela procurava na foto do livro o ponto do corpo onde devia aplicar. No livro, o ponto de aplicação ficava num púbis depilado. No Oswaldo o púbis não estava assim.

O difícil era fazer a ponta em brasa chegar no ponto da pele sem causar um incêndio na floresta. Difícil? Não, impossível com o Oswaldo querendo tirar o corpo! Tarde demais. Três pares de mãos foram obrigados a encher a região de tapas para apagar o fogo que se alastrava. Foi a gota d'água. Antes fosse água...

Oswaldo nem se lembrava da enxaqueca. Nem o cheiro do ambiente lembrava a incenso. O cliente ficou queimado com o atendimento. Achou melhor fugir do que sofrer outro tratamento oriental daquele improvisado arsenal. O podia vir em seguida? Farpas

de bambu sob as unhas? Não me pergunte. Nessa hora passa de tudo pela cabeça do cliente. Agora era a
vez do Oswaldo espalhar ao vento as fagulhas do pés-
simo atendimento que recebeu. Um fogo que ninguém
apaga, nem no tapa.

Marketing de Revitalização

Revitalização Profissional

Magaly fechou os olhos e apertou o botão "play" de seu DVD mental. Na tela 3D que se formou atrás da testa, viu passar o filme que registrava seus vinte anos de experiência como decoradora de renome, entrecortados por comerciais de revistas como Casa Vogue, Casa Cláudia, D&D ou Casa e Jardim. As mesmas que tantas vezes estamparam seu nome em matérias sobre os sofisticados ambientes que ajudara a criar.

A projeção terminou numa reconfortante penumbra mental que convidava à reflexão. Era hora de parar. Realizada profissionalmente, tinha uma vida tranqüila e boas recordações das conquistas profissionais do passado. "Não!" — ecoou uma voz vinda de algum canto da sala de projeções de sua mente.

Surpresa, seus olhos perscrutavam as órbitas tentando descobrir de onde vinha o som. "Vai jogar fora a experiência que acumulou?", insistiu a voz. "Vai!", respondeu outra voz, entrando na discussão. "Não vai querer competir com a nova geração de decoradores que está chegando aí, vai?", insistiu em tom de desafio.

"Vou e não vou!" — agora era ela quem falava. Naquele momento Magaly decidiu se reinventar. Fechou novamente os olhos para assistir "Conhecimento Acumulado". Depois viu "Ambientes Sofisticados", só para recordar suas melhores criações. "Iluminação", "Formas e Volumes", "Cores e Texturas" vieram em seguida. Por fim, um documentário das viagens e experiência adquirida no exterior. Viu uma luz acender na sala de projeções mentais. "Preciso revitalizar tudo isso", pensou consigo. "Revitalizar! Era a palavra que procurava!"

Cedo ou tarde, essa discussão ocorre na cabeça de todo profissional. De um lado, a acomodação sugere que é hora de considerar o fim da carreira. Uma insinuação do tipo, "Saia agora, que está no auge..." Do outro, o espírito empreendedor resiste, e acha possível uma nova produção. Quando é o último que vence surge um novo profissional. Uma inovação que não está fundamentada no ímpeto de uma juventude apenas informada, mas na calma segurança de uma experiência consolidada.

É longo o caminho que vai da mera informação ao conhecimento. Qualquer um é capaz de se informar e repetir o que nunca aprendeu. Porém, é preciso mais do que isso para criar uma ponte sináptica que vença a fenda que separa os neurônios e inicie um namoro entre a informação visitante e a residente. Só então dará à luz um novo saber, o conhecimento, que só o tempo e a experiência de vida podem transformar em sabedoria. Mas isso só acontece se o profissional estiver disposto a imitar a natureza e se revitalizar.

Foi pensando em cérebro e natureza que Magaly O-pice descobriu um nicho a ser explorado. Revitalização de showroom e ambientes corporativos. Não é na revitalização constante que estão as surpresas da natureza? E acaso não são essas surpresas causadas pelo inesperado, que não dá trégua ao cérebro e o impede de recorrer às percepções armazenadas como forma de economizar sinapses?

Da observação das pessoas, com seus sentidos aguçados em ambientes revitalizados, nasceu sua técnica. Que virou paixão e negócio, e a levou a revitalizar-se a si mesma. Comprou um micro, dominou a máquina, iniciou seu novo negócio e lançou seu nome e marca na Internet. A partir de então passou a surpreender os cérebros que circulam pelos showrooms e ambientes corporativos que levam sua grife.

Peter Drucker conta que seus antepassados foram gráficos em Amsterdã, de 1510 a 1750, e que durante todo esse tempo não precisaram aprender nada de novo, pois nada mudava. Hoje, mudança é o estado permanente. Mais do que se reciclar, como fazemos com o lixo e a sucata, é preciso se revitalizar, como fazemos com o ouro polido ou o diamante lapidado. Usar recursos atuais para tornar a mente brilhante com seu tesouro de conhecimento acumulado.

O próprio Drucker fazia isso até quando preferia ser chamado de *"insultor"*, ao invés de consultor, tão instigantes eram suas indagações a quem o consultava. Até o fim de sua vida atraía milhares de ouvintes ao expor suas ideias de gestão de negócios. Se tivesse parado de se revitalizar na década de vinte, quando estudava direito na Alemanha, ou na década de trinta, quando os nazistas queimaram seus escritos, talvez tivesse chega-do à idade que chegou igualmente saudável e lúcido para falar. Mas aí ninguém iria querer ouvir.

Marketing Pirata

Seqüestros autorais

JAPONÊS É SEQÜESTRADO COM MERCEARIA E TUDO! *O comerciante Toshiro, 49 anos, foi seqüestrado junto com sua mercearia na tarde de ontem. Toshiro ficou famoso em seu bairro por ter inventado a CRM, uma Caderneta de Registro Mensal onde registrava as preferências de seus clientes. Junto com Toshiro e sua mercearia, foram seqüestrados o Pepe do açougue, o Manoel da padaria e o Alcebíades do boteco.*

Fique tranqüilo. Toshiro, que aparece numa bem-humorada crônica em meu livro *"Receitas de Grandes Negócios"* explicando o conceito de CRM, ou *Customer Relatioship Management*, já foi localizado. O cativeiro foi descoberto numa revista de tecnologia da informação onde Toshiro estava encarcerado entre dois ou três parágrafos de um artigo maior, assinado por outro autor. Ali, o nipônico Toshiro teve sua identidade mudada para um português "Joaquim". Só para despistar.

Seqüestrado pela segunda vez, Toshiro foi levado para as páginas de uma revista de publicidade e trancafiado num artigo assinado por uma terceira pessoa. Mais uma vez, foi descoberto pela CIA, a *Comunidade dos Internautas Articulados*, que me avisou. É difícil passar despercebido do *"Little Brother"*, esse vigilante paralelo que a Internet criou ao dar poder de mídia ao cidadão comum.

Prefiro pensar que a atração fatal que Toshiro exerce sobre as pessoas tenha sido a causa do equívoco. Sei que é prática comum na rede os artigos voarem de lá para cá e de cá para lá. Ou alguns trechos e ideias serem incorporados a artigos sem que o autor perceba o que fez. Porém, copiar tim-tim por tim-tim e assinar, só pode ser descuido de quem copia. Ou ingenuidade minha. Conversei com o suposto autor e ele declarou ter sido um equívoco da revista, que o teria colocado como autor sem a sua autorização. Ou a minha, a mais importante.

A dupla *"Copiar & Colar"* tem feito sucesso nesta Internet sem porteiras e até me beneficio disso. Sempre incentivei a livre distribuição de minhas crônicas, hoje publicadas com os devidos créditos por dúzias de sites, jornais e revistas. Isso não inibe as vendas de meus livros, ao contrário, aumenta. Não só ajuda a vender mais livros, palestras e serviços de consultoria, como também traz um certo prestígio. Alguém contou que seu professor utiliza o Toshiro para explicar CRM em um curso de pós-graduação na FGV.

Isto acontece também em outros cantos. A dupla *"Bruno & Marrone"* alcançou a fama depois que uma gravação feita num estúdio de rádio virou CD pirata. Pela primeira vez um CD pirata já vinha até com apologia, caso fosse apreendido:

"Seu guarda, eu não sou vagabundo/ Eu não sou delinqüente/ Sou um cara carente/ Eu dormi na praça/ Pensando nela...."

Será que isso limpava a barra do camelô?

Já consagrada, a dupla inovou com uma estratégia no mínimo curiosa. O normal é um CD de sucesso ser pirateado e atrapalhar as vendas do oficial. A dupla decidiu dar o troco pirateando o pirata. Ou seja, formalizou o informal. Apesar do receio de que as vendas pudessem ir mal ao concorrer com o clone bastardo, o filho legítimo estourou nas paradas. Agora é a vez da dupla nada caipira *"Aurélio & Houaiss"* atualizar seus dicionários e incluir o verbo *despiratear*.

Aproveitar o moto de vendas criado pela contravenção não é novidade. Já vi lojas armando banca na calçada para garantir seu ponto entre os camelôs que vendem em sua porta. O caso *"Bruno & Marrone"* pode ser uma ideia para quem quiser sair da marginalidade e abrir uma pirataria legal. Vai ter fila de artistas desconhecidos implorando: "Me pirateia que eu gosto".

Se acha que estou brincando é porque não entendeu como funciona a publicidade que pega carona na maré contrária. O seqüestro autoral sofrido por Toshiro criou uma oportunidade para divulgar meu livro e meus serviços. Percebeu? Meu único receio é que algum dia um pirata ganhe uma ação contra o autor por violação dos direitos autorais da cópia, e que lançar a versão oficial da cópia pirata vire crime. Aí corro o risco de acabar na cadeia por plagiar a mim mesmo.

Marketing de Marcas

Um, dois, feijão com arroz; três, quatro...

Meu pai já entrou com vontade de sair. Há muito eu insistia para que almoçasse comigo no restaurante macrobiótico, filosofia que eu engolia sem mastigar. Meu pai aconselhava que eu mastigasse antes de engolir. Estava preocupado. Para quem buscava algo macro, achou que eu ficava cada vez mais micro. Segundo ele, ao invés de macrobiótico eu estava cada vez mais *magrobiótico*.

Encontramos lugar na mesa do mais dedicado discipulador de acólitos. Seus seguidores, dentre os quais eu me incluía, o consideravam um verdadeiro mártir. Qualquer guloseima que na boca de um mero aprendiz como eu seria uma heresia, em sua boca ganhava status de experiência científica. Éramos todos iguais, mas ele era o mais igual dentre os iguais.

Quando não estava estudando os efeitos destrutivos do sorvete de abacaxi no organismo, media o grau de influência do venenoso uísque em seu corpo puro. Aliás, sua experiência predileta. Parávamos de bebericar o ban-cha para soltar um "Oh!" de admiração, todas as vezes que ele descrevia como a torta de chantili se mostrava inócua para alguém em seu grau equilíbrio. Faltava a palavra "hipócrita" na edição do "Vocabulário para Cegos, Surdos e Ingênuos" que utilizávamos.

Em seu livro *"Winner's Curse"*, ou *"A Maldição do Vencedor"*, Richard H. Thaler sugere que *"o sucesso pode ser inimigo da inovação"*. Muitas empresas ficam tão inebriadas com sua pretensa perfeição, que são incapazes de encontrar alguma falta em seus produtos ou serviços. Inconscientes ou não, seus líderes tratam de banir qualquer discussão que coloque em dúvida seu sucesso. Afinal, não existe melhor e ponto final.

Quando as coisas vão mal, põem a culpa na publicidade, jamais no produto. Mas, se não existir coerência e uma contrapartida real, publicidade nenhuma conseguirá levar a mensagem aos ouvidos do cliente e fixar a marca em seu desejo latente. O eco que ela encontrar entre suas orelhas irá fazer a diferença entre marcar ou não sua mente. Marca é o que o cliente pensa do produto, uma espécie de resposta a uma mensagem que reflete a realidade de seu desejo. Caso contrário, a mensagem é simplesmente ignorada ou descartada.

Acho que existem duas formas de fixação de uma marca na mente. A mais conhecida segue a escola pavloviana de condicionamento. Ensina serem necessárias tantas e quantas exposições e repetições para imprimir a marca no verso do couro cabeludo. Algo como se o neurônio dissesse à inoportuna mensagem: "Tá bom, tá bom, eu me lembro de você! Agora me esquece!".

A outra forma de fixação é mais nobre. A marca chega à mente como música, fincando suas âncoras nos sentimentos e deixando sua tatuagem no coração. Uma experiência feita na Universidade da Califórnia parece confirmar isto, ao concluir que a retenção da marca se dá no lado direito do cérebro.

"É deveras intrigante" — comentou com a habitual fleuma britânica Robert Jones, estrategista de marcas da Wolff Olins, para a New Scientist. — *"isso apóia nossa crença instintiva de que as marcas pertencem a uma classe especial de palavras — são como um poema expresso em uma única palavra, tal a sua capacidade de evocar e expressar ideias."*

Separado de meu pai apenas pelo vapor que subia da tigela de arroz integral, o *macromestre* parecia não pensar assim. Tentava convencer com seu proselitismo costumeiro, falando de arroz para uma mente que vagava pelas churrascarias da memória. Quando viu que arrazoar do arroz nem arranhava a razão, passou da tortura verbal para a numérica. Algo como aumentar a freqüência de exposição da marca.

— Você sabia que deve mastigar sessenta vezes para absorver os nutrientes? — perguntou sem esperar resposta.

Então, numa contagem regressiva às avessas, começou a contar as mastigadas de meu pai a cada garfada:

— Um, dois, três, quatro... sessenta! Engoliu? Outra vez. Um, dois, três, quatro...

Meu pai engoliu mais aquela. Bem mastigada. Terminada a refeição, e com os dentes um pouco menores, meu pai se preparava para escapar quando o marketeiro integral arriscou uma pergunta casual, talvez para amenizar a azia que sua prédica causara.

— Foi a primeira vez que o senhor veio aqui?

— Não — respondeu meu pai, num tom alto o suficiente para garantir a audiência de todos os comensais.

Depois, fazendo uma pausa para passar a língua nos dentes, criar suspense e sublinhar a próxima frase, arrematou:

— Foi a última!

Marketing de Storytelling

Você já ouviu a história do Severino?

Ouvi numa viagem à Amazônia. No sobrado travestido de hotel Severino estava feliz. Bamburrou no garimpo em Serra Pelada e agora só queria dormir. Nunca vira tanto dinheiro. Enquanto o sol nascia, o sono amigo enxotava a enxaqueca da noite regada a uísque barato. Não durou muito sua paz. Nem a cera dourada dos ouvidos conseguiu bloquear o som das marteladas que vinha da funilaria vizinha. Reverberava dentro de sua caixa craniana, querendo liquefazer o que restava de cérebro.

Vivemos num mundo cheio de ruídos. Qual cornucópia grávida de promessas, o mercado vomita uma torrente de sons, imagens e sensações disputando cada nanosegundo de nossa atenção. Enquanto isso nós mesmos tentamos chamar a atenção de outros, despejando nossa mensagem na mesma confusão. Rádio, TV, jornais, revistas, Internet, email — a funilaria da informação funciona 24 horas.

Como conseguir chamar e prender a atenção do mercado para a sua mensagem num ambiente assim? Só saindo do lugar que ficou comum para o seu público. O livro *"Quem mexeu no meu queijo"*, mostrou isto. Quem se atreveria a falar de gestão de mudanças na empresa usando ratinhos e duendes perdidos num labirinto em busca de queijo? Spencer Johnson se atreveu e agora deve estar comendo *foundee* em panela de prata.

A centenária técnica de reunir a tribo ao redor da fogueira para transmitir conhecimento está de volta. Alan Kay, vice-presidente de pesquisa e desenvolvimento da Disney diz que sob a superfície de um grupo de executivos há homens das cavernas esperando que algum sábio lhes conte histórias. Histórias que prendam a atenção, endereçadas menos ao cérebro e mais ao coração, as mesmas capazes de entreter homens e mulheres, ricos e pobres, velhos e crianças. Ninguém fica indiferente a uma boa história.

O poder de retenção das mensagens contidas nas histórias está no apelo à emoção, além da carona que pegam em elementos comuns já arraigados na mente de quem ouve. Piadas são histórias tão boas que viajam o mundo. Filmes são histórias. Até canções são histórias, embaladas em rimas que aderem ao pensamento. Como você retém uma piada que ouviu uma vez só? Ou a canção do rádio? Ou aquela historinha da avó? Tendo seus bloqueios racionais desarmados pela palavra, que é a ferramenta mais poderosa já inventada para a comunicação de ideias.

Um dos grandes enganos é acreditar que as pessoas compram usando a razão. Perceba que não há muito de racional numa propaganda de automóvel na TV. Ela mostra liberdade e velocidade, mas sua razão avisa que o trânsito está parado e tem radar na estrada. Uma modelo maravilhosa viaja ao lado, mas você sabe que sua acompanhante está longe daquela escultura grega. A cena dá um close na juba esvoaçante do motorista, e você é dos que não abrem o vidro com medo de perder os últimos fios. Apesar de tudo, você dá de ombros para a razão e compra a liberdade, a modelo e a peruca. Ah, sim, e o carrão.

Histórias são maleáveis e cabem em qualquer roupa. Eu mesmo vesti negócios com uma roupagem gastronômica em meu livro *"Receitas de Grandes Negócios"*. Naquele livro comunicação empresarial virou *"Manjar de Escrever"*, excelência em prestação de serviços virou *"Lanche Sensação"*, marketing pessoal ganhou sabor de *"Banana Flambada"* e novas tecnologias terminaram como *"Sobremesa Quebra-Gelo"*. No cardápio há outros pratos, como *"Salada Americana"*, *"Sorvete Expresso"*, *"Funcionário à Caçarola"* ou *"Torta Hollywood"*.

Num mercado em que o que mais se busca é atenção, quem conta a melhor história é quem leva a melhor, seja para comprar, vender ou na comunicação corporativa. Quando a tecnologia vira commodity, a capacidade de se diferenciar no mercado fica por conta da criatividade. Quando ela não existe fica difícil competir com o volume de ruído que vem da funilaria ao lado. A mesma que não deixava o Severino dormir.

Severino não tinha criatividade, mas o dinheiro sobejava. Desceu até a oficina de funilaria vizinha ao hotel e, em menos de meia hora, os carros estavam todos na rua e Severino tinha a chave do imóvel na mão e um contrato rabiscado em papel de pão. Voltou ao hotel, entregou tudo à dona e foi incisivo:

— O barracão ao lado agora é seu. Pode fazer o que quiser com ele. Só não faça barulho.

E voltou a dormir.

Marketing de Inovação

"Sigam-me os bons!"

Talvez você nunca tenha ouvido falar do ator mexicano Roberto Gomes Bolaños, mas com certeza já assistiu um episódio de Chapolin. Com suas anteninhas e olhar assustado de barata, o herói mais feio, covarde e atrapalhado da TV é também o mais querido das últimas gerações em mais de quarenta países. Entre seus fãs está Matt Groenig, criador dos Simpsons, que homenageia o herói em alguns de seus desenhos.

O segredo do sucesso de Chapolin está em não seguir os outros super-heróis. A única semelhança com eles está na cueca vestida por cima das calças, mas é só. No mais, Chapolin é diferente. Se os super-heróis são bons, Chapolin é excelente. *"Sigam-me os bons"*, diz ele que é muito melhor. *"Não contavam com minha astúcia"*, proclama o ingênuo Don Quixote moderno brandindo sua marreta biônica.

"Cervantes escreveu Don Quixote como uma crítica aos romances de cavalaria e, guardando as devidas proporções, criei Chapolin como o anti-herói latino-americano, uma resposta aos Batmans e Super-Homens que nos invadem vindos

do Norte", revela Roberto Gomes Bolaños, criador e incorporador do herói-palhaço.

Ao invés de reles seguidor de padrões enlatados, Bolaños partiu para o inusitado, o ridículo, o desprezado. Um viés evitado por quem teme abandonar a segurança do pasteurizado, homogeneizado e consagrado, sob o pretexto de não reinventar a roda. Essa posição cômoda também pode ser encontrada em algumas estratégias de marketing, às quais falta a ousadia de um Chan Kong-sang. Mas quem é Chan Kong-sang?

Como Bolaños, Chan Kong-sang criou e incorporou um herói diferente do padrão Bruce Lee de pancadaria oriental. Jackie Chan, seu personagem, rói as unhas nos momentos de perigo, apanha muito e se machuca de verdade. Mas, entre mortos e feridos, salvam-se todos nos filmes que costumam terminar com cenas dos erros de filmagem. Algo que jamais veremos num fleumático Bond — James Bond.

Chapolin e Jackie Chan são casos de sucesso por não seguirem casos de sucesso. Traçaram seus próprios caminhos e criaram seus próprios estilos. Do mesmo modo como fizeram as empresas cujos casos de sucesso insistimos em copiar. Atendemos cegamente quando elas nos chamam: *"Sigam-me os bons!"*. Seguimos e acabamos sendo, no máximo, bons. Nunca excelentes.

"Se você quiser que seus funcionários façam um bom trabalho, diga a eles o que você quer e encoraje-os a acertar. Se quiser funcionários que façam um excelente trabalho, diga a eles o que você precisa e dê permissão para que errem", escreveu Richard Kessler.

Quem segue é seguidor. Jamais poderá ultrapassar quem está na frente. Obviamente há líderes que preferem que seja assim, para não perder a posição. O dilema dos clones humanos não está na possibilidade de alguém criar pessoas com uma capacidade excepcional, mas, ao contrário, criar seguidores medíocres.

Em 1998, quando comecei a escrever artigos de negócios meu primeiro impulso foi adotar o modelo *Harvard Business School*, já consagrado. Equilibrado, reverente e imparcial. Logo percebi que ninguém iria ler se eu escrevesse assim. É simples. Não sou *Harvard Business School*, cujos textos são lidos até se vierem em sânscrito. O ilustre desconhecido aqui precisava achar seu próprio caminho. Assim nasceram minhas crônicas de negócios, como estas que compõem este livro. Desequilibradas, irreverentes e parciais.

A mesma sugestão dou aos meus alunos e clientes. Não sejam seguidores das grandes marcas. Elas só se tornaram grandes marcas por não seguirem algum caso de sucesso, mas por desbravarem uma rota virgem. Cada uma delas criou o Don Quixote, Chapolin ou Jackie Chan de seu segmento, assumindo os riscos do ridículo para se transformarem em modelos de sucesso.

Se quiser ser bom no que faz, siga algum modelo de sucesso. Se quiser ser excelente, crie seu próprio modelo, ainda que para isso precise se vestir de palhaço, expor publicamente suas fraquezas e amargar as conseqüências de seus fracassos.

Se fizer assim, é provável que nunca chegue a ser o Capitão América de seu segmento, o que pode até ser uma vantagem. O mercado dá sinais de estar cansado dessa jactância de poder e busca por algo mais simples, informal e genuíno. Será você o próximo super-herói? Se for, seja diferente dos outros super-heróis, até do Chapolin. Vista suas cuecas *sob* as calças.

Gostou deste livro? Entre em contato com o autor:

Mario Persona

contato@mariopersona.com.br

www.mariopersona.com.br

www.ingramcontent.com/pod-product-compliance
Lightning Source LLC
Chambersburg PA
CBHW032024170526
45157CB00002B/851